(Par François Chas.)

RÉFLEXIONS
PHILOSOPHIQUES

E T

IMPARTIALES

S U R

J. J. ROUSSEAU & Madame de WARENS.

RÉFLEXIONS
PHILOSOPHIQUES

ET

IMPARTIALES

SUR

J. J. ROUSSEAU & Madame de WARENS,

NOUVELLE ÉDITION,

Augmentée de quelques Lettres fur les Proteftans ;
& des Maximes qu'on trouva infcrites fur
fa porte.

A GENEVE.

1787.

COPIE

D'UNE LETTRE de M. J. J. ROUSSEAU à Jean FOULQUER.

Motiers, le 18 Octobre 1764.

Voici MONSIEUR, le Mémoire que vous avez eu la bonté de m'envoyer. Il m'a paru fort bien fait : il dit assez, & ne dit rien de trop. Il y auroit seulement quelques petites fautes de langue à corriger, si l'on vouloit le donner au Public. Mais ce n'est rien ; l'Ouvrage est bon & ne sent pas trop son *Théologien.*

Il me paroît que depuis quelque temps le *Gouvernement de France*, éclairé par quelques bons Ecrits, se rapproche assez d'une tolérance *tacite* en faveur des *Protestans*. Mais je pense aussi que le moment des *Jésuites* le force à plus de circonspection que dans un autre temps, de peur que ces Peres & leurs amis ne se prévalent de cette indulgence pour confondre leur cause avec celle de la *Religion.* Cela étant, ce moment ne seroit pas le plus favorable pour agir à la Cour; mais en attendant qu'il vînt, on pourroit continuer d'instruire & d'intéresser le Public par des Ecrits sages & modérés, forts de raisons d'Etat claires & précises, & dépouillés de toutes ces aigres & puériles déclamations, trop ordinaires aux gens d'Eglise. Je crois même qu'on doit éviter d'irriter trop le Clergé Catholique : il faut dire les faits sans les charger de réflexions offensantes. Concevez, au contraire, un Mémoire adressé aux Evêques de France en termes décens & respectueux, & où sur des principes qu'ils n'oseroient désavouer, on interpelleroit leur équité, leur charité, leur commifération, leur patriotifme, & même leur chriftianifme. Ce Mémoire, je le fais bien, ne leur ôteroit pas leur mauvaife volonté; mais il leur feroit honte de la montrer, & les empêcheroit peut-être de perfécuter fi ouvertement & fi durement nos malheureux Frères; je puis me tromper : voilà ce que je penfe. Pour moi, je n'écrirai point; cela ne m'eft pas poffible : mais par-tout où mes foins & mes confeils pourront être utiles aux opprimés, ils trouveront toujours en moi dans leur malheur l'intérêt & le zèle que dans le mien je n'ai trouvé chez perfonne.

Recevez, Monfieur, mes très-humbles falutations,

J. J. ROUSSEAU.

Signé à l'original.

LETTRE

De J. J. ROUSSEAU à un Pafteur des Cévenes.
Motiers le 11 Fevrier 1765.

JE ne vois rien de vous, MONSIEUR, qui ne me confirme dans les fentimens d'eftime & de refpect que je vous ai voués, & la Lettre dont vous m'avez honoré le 16 Janvier, y ajoute ceux de la reconnoiffance : vos bontés me font une confolation très-précieufe, & j'ai bien des raifons de vous favoir gré de parler fi bien en Carême de la tolérance dont nos contemporains & même nos Frères font fi éloignés. Mon feul crime eft de l'avoir prêchée, & vous voyez comment je fuis traité : puiffiez-vous , digne Pafteur , être plus heureux que moi ! Joignez , Monfieur , l'exemple au précepte. Tolérez mes erreurs ; plaignez mes malheurs : accordez-moi votre bienveillance , je tâcherai de la mériter.

J. J. ROUSSEAU.

Signé à l'original.

ANECDOTES.

PENDANT le féjour que J. J. Roufſeau fit à Bourgoin en Dauphiné , il écrivit fur la porte de fa chambre quelques lignes qui n'ont jamais été imprimées , & que liront avec plaifir les nombreux admirateurs de cet homme vraiment original. M. de Champagneux, qui a bien voulu nous les communiquer , les a tranfcrites lui - même avec la plus exacte fidélité. Il n'y a que les mots tracés en caractères italiques qu'il ne garantit pas ; ils étoient mal écrits & indéchiffrables.

JUGEMENT DU PUBLIC SUR MON COMPTE,

Dans les différents Etats qui le compoſent.

LES rois & les grands ne difent pas ce qu'ils penfent ; mais ils me rraiteront toujours honorablement.

La vraie nobleffe , qui aime la gloire , & qui fait que je m'y connois, m'*honore & ſe taît.*

Les magiftrats me haïffent à caufe du mal qu'ils m'ont fait.

Les Philofophes, que j'ai démafqués, veulent à tout prix me perdre ; ils y réuffiront.

Les évêques , fiers de leur naiffance & de leur état, m'eftiment fans me craindre , & s'honorent en me marquant des égards.

Les prêtres, vendus aux Philofophes, aboient après moi, pour faire leur cour.

Les beaux efprits fe vengent, en m'infultant, de ma fupériorité qu'ils fentent.

Le peuple, qui fut mon idole, ne voit en moi qu'une perruque mal peignée & un homme dé-crépit.

Des femmes, duppes de deux piffe-froids qui les méprifent, trahiffent l'homme qui mérita le mieux d'elles.

Les Magiftrats ne me pardonneront jamais le mal qu'ils m'ont fait.

Le Magiftrat de Genève fent fes torts, fait que je les lui pardonne, & les répareroit s'il l'ofoit.

Les chefs du peuple, élevés fur mes épaules, voudroient me cacher fi bien que l'on ne vît qu'eux.

Les auteurs me pillent & me blâment ; les fri-pons me maudiffent, & la canaille me hue.

Les gens de bien, s'il en exifte encore, gémif-fent tout bas fur mon fort ; & moi je les bénis, s'il peut inftruire un jour les mortels.

Voltaire, que j'empêche de dormir, parodiera ces lignes. Ses groffieres injures font un hommage qu'il eft forcé de me rendre malgré lui.

Dernieres paroles de Jean-Jacques, à l'article de la mort, rap-portées par M. de Gerardin, & extraites d'une de fes lettres.

« Je meurs, a-t-il dit à fa femme, lorfqu'il a fenti ce
» coup fatal fe porter à fa tête ; mais je meurs tranquille.
» Je n'ai jamais voulu de mal à perfonne, & je dois comp-
» ter fur la miféricorde de Dieu. Et un inftant après, voyant
» qu'elle fe défoloit : hé quoi, lui dit-il, vous ne m'aimez
» donc pas, fi vous pleurez mon bonheur, bonheur éter-
» nel que les hommes ne troubleront plus ; voyez comme
» le ciel eft pur ; la porte m'en eft ouverte, & je vois Dieu
» qui m'attend ».

Il prononça ces derniers mots avec un tranfport vrai-ment célefte, & il expira en les prononçant.

REFLEXIONS

PHILOSOPHIQUES

ET

IMPARTIALES

Sur *J. J. ROUSSEAU* & *Mad. de WARENS.*

C'est un spectacle bien affligeant de voir la médiocrité & l'envie s'unir pour insulter aux mânes d'un Philosophe législateur qui a instruit les siècles & les nations, & que la postérité regardera toujours, malgré ses erreurs & ses foiblesses, comme l'ami de la vertu, & le bienfaiteur de l'humanité.

Rousseau a été persécuté pendant sa vie, & outragé après sa mort. Sa carrière publique a été une chaîne de tribulations & de malheurs : il fut proscrit dans sa patrie, banni de la France

& de la Suiffe, injurié & méprifé en Angleterre, livré à la fureur d'un prédicant fanatique, & expofé à la rage d'une populace effrenée : fes opinions & fes principes furent attaqués avec autant de malice que de fureur ; on lui attribua un libelle infâme ; des écrits calomnieux le repréfentèrent comme un hypocrite qui vouloit tromper les hommes, en jouant la vertu, comme un cynique épuifé de débauches, qui portoit dans fon fein un poifon mortel. Il fut déclaré l'ennemi des Souverains dont il vouloit détruire l'autorité, & le fauteur de la rebellion qu'il confeilloit aux peuples : il fut dénommé comme un perfide & un ingrat qui oublioit les bienfaits, & outrageoit fes bienfaiteurs & fes amis. Un Miniftre éclairé, vertueux, mais égaré par l'efprit de fyftême, le regarda comme un charlatan en morale, un auteur athée qui a voulu pervertir & corrompre la nation ; le défigna comme un fcélérat. Un Ecrivain méchant & hardi ofa l'expofer fur la fcène comme un Roi de Théâtre. Qu'on me montre un feul Auteur qui ait reçu plus d'outrages, & fouffert plus d'humiliations !

Voltaire fut fans doute perfécuté, mais il étoit riche ; les fêtes & les plaifirs fe fuccédoient dans un féjour enchanteur ; une fociété brillante étoit fans ceffe occupée à amufer ce Philofophe déli-

cat & fenfible ; une foule de parafites & d'adula-
teurs s'empreffoient à lui offrir leurs vœux & leurs
hommages : la divinité fourioit à fes adorateurs qui
venoient pofer leurs offrandes fur fes autels , pour
prix de leur dépendance & de leur foumiffion ;
elle les environnoit un inftant de fa gloire , &
ces imbécilles mortels fortoient du temple en cé-
lébrant le dieu qui avoit jetté fur eux un regard
de complaifance & de protection : les Princes
& les Grands lui rendoient des hommages ; les
Auteurs lui offroient les prémices de leurs talens ;
il difpofoit des réputations littéraires , dictoit des
loix à l'Aréopage ; & tous, fervilement profternés , confirmoient & adoroient jufqu'à fes caprices. Dans fes actions morales il n'afpiroit qu'à
la célébrité ; dans fes écrits il ne recherchoit que
les éloges & les louanges ; pour les obtenir, il
flattoit les Grands, & affignoit à tous les Ecrivains médiocres des places honorables dans la
Littérature. Voltaire reçut des honneurs publics,
& la nation lui confacra des monumens pour
attefter à tous les fiècles fon génie, & perpétuer fa
gloire. Quelques foibles Ecrivains voulurent lui
arracher la palme littéraire qui lui avoit été décer-
née ; mais une plaifanterie ou une épigramme les
déconcertoit. Des hommes fçavans, fages, eurent
le noble courage d'attaquer fes principes , fa

doctrine, fa morale, & de combattre l'idole juf-
ques dans fon fanctuaire ; mais des invectives
groffières, un libelle diffamatoire, une diatribe
fanglante furent les armes ordinaires avec lefquelles ce nouvel Hercule les combattoit ; & ne
pouvant les vaincre, il les maudiffoit dans fa
rage & dans fa fureur, toujours dans l'agitation, il
étoit malheureux même au milieu de fa gloire &
des fuccès, parce qu'il vouloit régner en defpote:
tourmenté par les remords de fa confcience, il
mourut en impie & en blafphémateur. L'homme
eft un mélange de grandeur & de petiteffe ; il
imite quelquefois la majefté de l'aigle qui plane
au haut des cieux, il a quelquefois la baffeffe
de l'infecte qui rampe fur la terre.

Mais la deftinée de Rouffeau fut différente :
profcrit, fugitif, errant, pourfuivi par l'autorité
& la cohorte philofophique, il n'emporta avec
lui que le témoignage de fa confcience & le re-
gret de quelques hommes fenfibles & vertueux.
Ce nouveau Socrate auroit peut-être expiré fous
les coups de l'envie & de la fuperftition, fans la
protection d'un grand Prince : mais malgré cette
protection, la rage de fes perfécuteurs fecrets fut
toujours active : en vain fe plaignit-il de la rigueur de fon fort, fes plaintes, fes gémiffemens
augmentèrent la haine des uns & la jaloufie des

autres : ſes écrits devinrent le ſignal de l'audace &
de la rébellion ; & celui qui s'occupoit du bonheur
des hommes en développant les vérités les plus
précieuſes de la morale, en invitant à l'amour
de l'humanité, à l'étude de la nature & à l'exercice des vertus ſociales, fut déclaré l'ennemi du
genre humain.

Cependant le même ſiècle qui l'avoit proſcrit,
avoit vu naître un nombre de libelles infâmes :
des Ecrivains licencieux, des Philoſophes abomi-
nables en renouvellant les imprécations & les
blaſphêmes de Lucrèce & de Porphyre, avoient
attaqué les mœurs, le Gouvernement, la Religion, les Rois, les Pontifes ; ils combattoient
l'exiſtence de l'Etre ſuprême, dégradoient l'homme, en lui ôtant l'eſpoir & la conſolation de
l'immortalité, ébranloient les fondemens de la
ſociété, ſubſtituoient aux règles immuables de la
juſtice des ſyſtêmes arbitraires & des maximes
corrompues, conſeilloient la rebellion aux peuples, & la tyrannie aux Souverains. Ces Philoſophes hardis & ſanguinaires jouiſſoient paiſible-
ment de leurs héritages, des éloges & des honneurs publics, tandis que l'opinion & les loix
devoient les dévouer à l'opprobre & à la malé-
diction.

L'arbre planté par Rouſſeau, étoit embelli par

les fleurs & les fruits dont il étoit furchargé ; fi
quelques branches renfermoient un poifon fubtil ,
eh bien ! il falloit émonder l'arbre , arracher ces
prétendues branches empoifonnées , & venir enfuite fous cet ombrage fortuné refpirer un air
pur, & refpeéter le Philofophe bienfaifant qui
avoit confacré fes veilles & fes travaux à la félicité
publique. Il falloit donc plaindre la deftinée de
Roufleau, en rendant hommage à fon génie &
à fon éloquence ; il falloit gémir fur fes foibleffes
& fes erreurs , en admirant fes grandes vertus qui
l'ont rendu le légiflateur des nations & l'ami de
l'humanité; il falloit démontrer & combattre les
principes faux & dangereux qu'on croit apperce-
voir quelquefois dans fes écrits , & prouver que
la plupart de fes projets étoient impraticables dans
l'état actuel de la fociété, mais il falloit auffi refpeéter fes mœurs, applaudir à fon amour pour
la vérité , & annoncer aux hommes, que c'eft
dans fes ouvrages où brillent la pureté de la morale, les charmes & les confolations de la vertu ,
les devoirs de l'humanité & les préceptes de la
nature ; que c'eft dans ce code où ils apprendront
à être juftes & bons; il falloit donc difcuter ,
raifonner, approfondir, & non point diffamer, &
joindre les fophifmes aux déclamations & aux
injures : c'eft ainfi que des vils détracteurs n'ont

pas craint par cette baſſeſſe de violer les principes de la juſtice, & de trahir leurs conſciences pour ſatisfaire leur jalouſie ou leur vengeance.

C'eſt une perfidie de diffamer un homme vivant; mais au moins il a le droit de ſe défendre, il peut confondre ſes calomniateurs, en préſentant lui-même les titres qui établiroient ſon innocence, & en portant le flambeau de la vérité juſques dans ces repaires affreux où ſes ennemis ont médité ſa ruine & ſa deſtruction; mais c'eſt un crime de calomnier un homme qui n'exiſte plus, puiſqu'il a emporté ſa juſtification avec lui: ſes amis ſe contentent de gémir & de verſer quelques pleurs ſur ſa tombe; les morts n'intéreſſent preſque plus : l'ami pleure quelque temps ſon ami, mais le temps affoiblit bientôt ſa douleur, & détruit le ſouvenir de ce commerce intéreſſant dans lequel l'amitié & la confiance trouvoient un charme délicieux; cette indifférence & cet oubli font une preuve de notre ingratitude & de notre inſenſibilité.

Le tombeau eſt un aſyle ſacré, la lumiére ne doit plus y pénétrer; celui qui oſe y fouiller, eſt un audacieux, digne de l'horreur publique; l'homme a perdu le droit de juger, & là finit ſon miniſtère; ce droit n'appartient qu'à la Divinité. Un Dieu bon & clément a peut-être pardonné au mortel, qui eſt appellé à ſon tribunal, ſes erreurs, ſes foibleſſes ; c'eſt un père tendre qui embraſſe ſon fils, & qui le bénit : mais tandis qu'il eſt placé au rang des enfans chéris, & qu'il participe à l'héritage ſacré, l'homme cruel & impitoyable le flétrit & le dévoue à l'indignation des ſiècles. L'homme n'imitera-t-il jamais la clémence du Dieu de la nature ! C'eſt donc une lâcheté auſſi odieuſe que déteſtable, de pénétrer dans le tombeau de l'Auteur d'Emile, pour inſulter à ſes cendres.

Je ne m'attacherai point à combattre & à détruire les fades plaiſanteries, les calomnies atroces de ces Ecrivains méchans & hardis qui ont proſtitué leurs talens à diffamer un homme foible ſans doute, mais qui mérite l'admiration des ſiècles par ſon génie, ſes vertus, & qui eſt digne de commiſération & de reſpect par ſes infortunes & ſes perſécutions ; je me bornerai à le juſtifier de quelques accuſations qui lui ont été faites par des hommes vertueux, ſages, mais qui ſe ſont laiſſés égarer par l'eſprit de ſyſtême. Les préjugés, & la prévention ſur-tout approche quelquefois du fanatiſme, elle aveugle l'homme ; &, dans cet aveuglement, elle l'attache avec force à ſes opinions, & les lui fait chérir, en lui perſuadant qu'il défend les droits ſacrés de la vérité, c'eft ainfi que par cette féduction funefte il devient, malgré la bonté de fon ame, injufte & méchant.

Rouffeau a été accufé d'orgueil & de mifan‑thropie, d'avoir porté & nourri dans fon fein un germe de folie, qui eft devenu à la fin de fes jours une véritable démence, & d'avoir outragé la nature, en envoyant fes enfans à cet Hofpice deftiné à recevoir les malheureufes victimes du libertinage, & ces êtres intéreffans que la mifère & la barbarie d'un père abandonnent au hafard.

Examinons avec cet efprit d'impartialité, qui doit caractérifer le Philofophe obfervateur, ces différentes accufations qui ont fait dans les efprits des impreffions vives & profondes, alarmé fes amis, féduit les ames foibles, & réjoui fes dé‑tracteurs.

Rouffeau entouré de pièges & de féductions, fouffrant & perfécuté, fe crut une victime dé‑vouée à l'indignation publique; cependant il avoit confacré fes travaux à inftruire & à éclairer fon fiècle; il voyoit la fociété dégradée & malheu‑reufe, il vouloit détruire fes erreurs & fes pré‑jugés; &, par une nouvelle légiflation, il s'occu‑poit à rendre les hommes bons, juftes & heu‑reux; mais pourfuivi par les loix, outragé dans les libelles, trahi par les Philofophes, il crut

qu'il s'étoit formé contre lui une confédération
générale, & que l'univers entier avoit médité de
le livrer à l'opprobre & à l'ignominie : la vue de
l'éclair sembloit lui annoncer que la foudre alloit
crever la nue pour le frapper. Rousseau eut tort
sans doute de croire que la société entière fût
conjurée contre lui ; s'il avoit des ennemis &
des détracteurs puissans, il avoit aussi de véri-
tables amis & des sincères admirateurs, parce
qu'il étoit malheureux, homme de génie & vertueux. Mais on interroge ici toute ame vraie &
impartiale : Rousseau trahi & persécuté avoit-il
la force & la liberté de réfléchir ? ce volcan toujours embrasé ne cessoit de vomir des flammes,
les efforts que l'on faisoit pour les arrêter, ne
servoient qu'à leur donner une nouvelle activité ;
dans ce moment de crise & de violence, il rejet-
toit les soins de l'ami consolateur, parce qu'il le
confondoit avec l'hypocrite qui affectoit la douleur, & offroit de guérir ses blessures. L'ingra-
tiude porte dans l'ame un sentiment de tristesse
qui l'abat ; l'infortune la consterne & lui ôte son
énergie ; le sage se déconcerte, & se décourage :
il voit que les méchans prospèrent & triomphent,
que la justice & la vertu sont immolées au crédit
& à l'intrigue : alors il déchire le contrat social,
emportant avec lui le témoignage de sa conscience,

& l'innocence de son cœur. S'il est consolant de souffrir pour la vérité, il est bien cruel de voir que ceux qui sont préposés par état à la chérir, à la publier, à la défendre, deviennent les organes & les instrumens du mensonge & de la calomnie. Rousseau n'a pas eu de plus cruels ennemis que les Philosophes.

Le citoyen de Geneve devient sombre, méfiant & soupçonneux, il perdit toute confiance en la vertu : ses malheurs changèrent son caractère primitif : une douce aurore avoit embelli les jours de sa jeunesse, il étoit aimable, doux, sociable : la sensibilité de son ame répandoit sur ses affections un charme attendrissant : s'il n'avoit pas été persécuté & trahi, il auroit fait briller dans la société ces dons précieux de la nature. Le goût pour les femmes, lorsqu'il n'est pas joint à la frivolité ou à la débauche, polit les mœurs, attendrit l'ame, & la prépare à l'exercice des vertus sociales.

Le Philosophe sensible, l'homme vertueux se sentent, par un charme impérieux, entraînés vers la société ; l'amour & l'enthousiasme de l'humanité les invitent à y fixer leur séjour pour travailler à la félicité commune : s'ils s'en détachent, s'ils brisent le contrat social, c'est à l'injustice & à la persécution des hommes qu'il faut attribuer cette trifte & déplorable révolution ; qu'eft-il befoin d'habiter une terre qui ne produit que des poifons, malgré l'ordre & la fageffe du cultivateur ; & pourquoi faut-il vivre avec des hommes qui, après avoir été dégradés par les vices, deviennent des hypocrites en voyant le tableau de la vertu ?

Rouffeau parut dans la carrière des fciences, il étonna l'Europe par la fublimité de fes penfées, la magie de fon ftyle, par fes grandes vérités & par fes erreurs même. Les Philofophes frémirent contre ce nouveau Légiflateur qui venoit attaquer leurs paffions & leurs foibleffes, il les effaçoit tous par fon génie, & fur-tout par la pureté de fa morale & par fon amour pour la juftice & la vérité. Rouffeau les avoit appellés des Sophiftes. La confédération fe forme : Allez porter, lui dirent les différens membres de la fociété, dans des contrées étrangères le poifon de votre doctrine. L'Auteur d'Emile obéit à l'arrêt de fon exil, mais il n'a pas la force de braver la rigueur de fa deftinée. L'injuftice & la perfécution de quelques ennemis ne devoient point produire cette haine & ce mépris général contre la fociété. Cette cruelle prévention le rendit quelquefois fingulier & bifare, fans affoiblir cependant ces grands principes de juftice & de morale fi profondément gravés dans son cœur. La connoissance des hommes est bien propre à nous les faire détester. Le Philosophe observateur ne voit que des brigands & des hypocrites; s'il apperçoit quelquefois l'homme vertueux, il le considère en gémissant, puisqu'il le voit pauvre, sans crédit, sans considération, exposé à l'humiliation & à la calomnie, ou prêt à devenir la victime de la séduction.

Chaque homme a ses affections particulières; la nature présente autant de variétés dans le moral que dans le physique. Nos opinions diffèrent comme nos visages; notre organisation est notre ouvrage; nous ne sommes pas maîtres de régler nos sensations; le moule qui nous a formés est invariable, & ne peut se fondre à notre gré; nous sommes libres, il est vrai, mais c'est dans nos actions; nous pouvons réprimer nos passions, nous pouvons être vertueux sans efforts, le crime est notre ouvrage; avant de tomber dans l'abîme, nous pouvons en considérer la profondeur & le danger. L'homme est assez fort pour résister; s'il succombe, c'est que le vice, en enchaînant ses forces, le rend foible & méchant; mais les affections du crime sont formées par la nature, nous ne pouvons ni les changer, ni les modifier. L'expérience & les faits sont propres à nous rendre sensibles ces vérités communes qui tombent sous nos fens ; mais dans les objets de calcul, d'analyfe, d'examen, de difcuffion, il eft permis d'avoir une opinion particulière & contraire à l'opinion générale. Je ne fuis ni méchant, ni calomniateur , parce que je crois que tous les hommes font méchans , fripons & hypocrites: je ne fuis point un vifionnaire , parce que je vois la terre habitée par des tyrans & des efclaves ; & pouvez-vous me faire un crime , *fi je goûte l'abfinthe où tout autre goûte le nectar ?* (M. Servan).

L'homme heureux voit différemment les objets, que celui qui gémit dans l'infortune. Tout eft pour le premier plaifir & jouiffance ; la nature lui paroît toujours riante, parce qu'elle lui offre fes dons & fes bienfaits ; il coule fes jours dans un cercle perpétuel de plaifirs & de frivolités. Un chemin parfemé de fleurs eft bien agréable à parcourir , il regarde fans horreur les vices, parce qu'il eft toujours content : que lui importent les malheurs & les crimes de la fociété ? affis fur les bords fortunés d'un fleuve paifible, il n'entend point le bruit de la tempête qui agite la mer ; il croit que les hommes font bons & heureux, parce qu'il n'a point éprouvé leurs injuftices , ni vifité la chaumière du pauvre. Le malheureux au contraire eft toujours occupé de fes maux , tout lui en rappelle le fouvenir, ce

détail

détail affligeant défsèche son ame , il voit avec
horreur les passions des hommes , parce qu'il en
a été la victime , il faut être bien cruel pour livrer
cet infortuné à la risée publique.

L'homme social , qui se plaît dans le commerce de ses semblables , qui trouve son goût
& ses plaisirs dans le tumulte des affaires, & la
dissipation des grandes villes ; est sans doute un
mortel estimable , s'il sçait conserver la pureté
de ses mœurs dans le centre même de la corruption : mais celui qui dédaigne & méprise les
hommes , parce qu'ils ont voulu le flétrir , n'est
point criminel, en brisant le contrat social. La
misantropie n'est point un vice , elle peut être
quelquefois une singularité ; mais l'homme singu-
lier n'est point vicieux ; celui qui fuit la société
par orgueil ou par caprice , est un être qu'il faut
plaindre & dédaigner quelquefois ; mais le Philosophe qui observe le génie de la nation , qui
voit que ses préceptes , sa doctrine , son exemple ,
sa morale ne sauroient changer son caractère , ni
détruire ses erreurs & ses préjugés , doit rompre
tout commerce avec les membres de l'ordre social. Il ne faut point être témoin des malheurs
& des crimes de la société , lorsque la censure ,
les lumières & l'instruction ne peuvent en arrêter
le cours , ni en suspendre les effets.

B

Eh! qu'on ne dife point que l'homme en naif-
fant a contracté l'obligation de travailler à l'édifice commun , que les inftitutions civiles ont enchaîné fa liberté, en lui impofant des devoirs auffi
juftes qu'utiles , & que la fociété ne pourroit fub-
fifter , s'il étoit permis de s'en féparer : oui fans
doute , il faut travailler à l'édifice commun , mais
cette obligation ne concerne que le citoyen qui
jouit paifiblement de fon héritage & des droits
de la fociété. Tant que la Loi réfpecte fa propriété , qu'elle réprime ou répare les injuftices
qu'on lui fait , il ne peut point fe détacher de la
fociété , & en devient, pour ainfi dire, l'efclave;
fon acte de féparation eft illufoire , il eft coupable de vouloir s'affranchir d'un engagement fa-
cré , & il mérite d'être puni , puifqu'il méconn-
noît & viole fes devoirs : mais celui qui eft flétri
par l'autorité , qui eft dépouillé ignominieufe-
ment de ces mêmes droits de la fociété , qui
éprouve toutes les horreurs de la perfécution ,
qui a travaillé fans fuccès à corriger & à inftruire
les hommes , ne doit rien à la fociété , puifque
c'eft elle-même qui a détruit ce rapport qui l'u-
niffoit à l'ordre focial : il ne doit ni obéir , ni
refpecter la Loi , parce qu'elle a refufé de veiller
à la confervation de fon patrimoine & de fon
honneur , & qu'elle a frappé l'innocent dans le

témps qu'elle a protégé & récompenfé les crimes des méchans. La communication eft alors in-tercerptée ; le citoyen perfécuté eft rentré dans l'état primitif, il a acquis un bien précieux, la liberté & l'indépendance : qu'il quitte donc une patrie ingrate, qu'il abandonne une terre qui dé-vore fes habitahs, qu'il fe retire dans la folitude, il trouvera dans ce féjour de l'innocence le repos & le bonheur. La retraite purifie l'ame, en lui infpirant l'amour de la vertu : là, dans un calme heureux, l'homme fe contemple avec un refpect réligieux, il voit la nobleffe de fon origine & la grandeur de fa deftinée, il fent qu'il eft fait pour l'immortalité ; cette penfée fublime & confolante, échauffe & agrandit fon ame : cet homme pri-vilégié eft fur la hauteur, il s'approche du fé-jour de la Divinité, & admire les merveilles de la création : s'il abaiffe fes regards fur la terre, il s'humilie & s'anéantit, un fentiment profond de pitié & de malheurs déchire fon ame fenfible, puifqu'il la voit inondée des crimes ; s'il eft enfuite forcé de reparoître parmi les hommes, qu'il forme dans fa maifon un fanctuaire fecret, inacceffible à la multitude envieufe & aux favans hypocrites qui viendroient pour le flatter ou le furprendre, qu'il brave les menaces des tyrans & la fureur des Philofophes, que lui importe la haine de fon fiècle , s'il a le témoignage de fa confcience & les regards de l'être fuprême.

La mifantropie , c'eft-à-dire, ce defir qui nous porte à nous éloigner de la fociété , eft peut-être un prodige de fageffe & de prudence ; nous vivons dans un temps malheureux où les vices les plus honteux & les plus groffiers font dans les cœurs, comme fur les fronts de tous les hommes ; le germe de corruption s'eft développé, & a infecté tous les états : on commet le crime avec impunité, comme fans remord ; le pauvre eft méprifé, le ri-che eft honoré , l'hypocrite accueilli ; les fuccès couronnent les intrigans & les ambitieux ; les femmes fières & orgueilleufes difpofent des répu-tations littéraires , diftribuent les dignités & les emplois, facrifient l'honnêteté & la pudeur , pour fatisfaire leur luxe & leur vanité, & font des graces de la nature & des charmes de la beauté un trafic infâme de féduction & de libertinage. On profti-tue le fentiment de l'amour, on ne connoit point celui de l'amitié ; on ne recherche que les plaifirs des fens, la richeffe feule les procure ; celui-ci de-vient un brigand public pour les augmenter , ce-lui-là fe livre à l'infamie pour les acquérir ; l'é-goïfme , ce vice exécrable qui flétrit l'ame dans toutes fes parties, eft devenu la paffion de tous les âges, de tous les fexes, de toutes les conditions ;

fi l'on voit quelquefois des hommes généreux &
bienfaifans, c'eft qu'ils font riches, les facrifices
qu'ils font ne leur coûtent rien ; ils répandent les
bienfaits par orgueil, par caprice, ou par often-
tation.

Roufleau profcrit, pouvoit vivre tranquille &
heureux dans une aimable folitude ; mais enflammé par l'amour de l'humanité, il parut dans la
fociété, rentra dans l'exercice de fes droits de citoyen, oublia les injuftices & les perfécutions des
hommes pour ne s'occuper que de leur bonheur.
Il devint alors un objet de curiofité ; la multitude
toujours avide de nouveautés, fuivoit cet homme
extraordinaire, & le regardoit comme un *fauvage*.
Les favans ne ceffoient de le tourmenter par leurs
importunités ; cependant ils connoiffoient fon
goût pour la vie douce & paifible ; n'importe,
ils fatiguoient le citoyen de Genêve par leurs vifites
& leurs écrits ; les uns vouloient lui donner des
confeils, les autres fe propofoient de changer fon
caractère ; celui-ci fe préfentoit pour être fon patron & fon guide, celui-là pour être fon élève &
fon difciple ; plufieurs vouloient être inftruits, &
plufieurs vouloient l'inftruire. L'Auteur d'Emile
n'étoit point fait pour fatisfaire la curiofité &
les caprices des premiers, & encore moins pour
fouffrir la hardieffe & l'imprudence des feconds :

cette contradiction perpétuelle aigrit son caractère , & le jetta dans une mélancolie profonde ; on
recherchoit la société de Rousseau par orgueil &
par intérêt. L'amour-propre exige des sacrifices ,
la vanité des éloges ; l'homme sincère qui refuse
les uns & les autres, devient un objet de mépris
& de haine : le complaisant , & le flatteur se plient
à tous les caractères, ils trompent également ce
mortel fier & hautain qui exige la soumission , &
l'homme crédule & imbécille , qui croit que les
hommages qu'il reçoit sont un tribut qu'on rend
à son mérite & à ses talens ; celui qui est libre &
indépendant, ne s'abusera point à flatter les vices
des uns, à applaudir aux ridicules des autres :
c'est alors qu'il reconnoît sa supériorité ; au lieu
d'obéir, il sent qu'il est fait pour commander à
des esclaves.

Rousseau , en éclairant les hommes, & en les
invitant à l'exercice & à l'amour de la vertu ,
recherchoit sans doute l'estime de son siècle & l'admiration de la postérité ; les talens & le génie
méritent cette gloire & cet hommage ; Rousseau
en étoit digne : cet athlète vigoureux étoit des-
cendu dans l'arène , & avoit combattu vaillam-
ment ; il avoit demandé le prix de ses travaux &
de ses victoires; mais il fut proscrit, & dès-lors il
cherche dans la paix de sa conscience cette ré-

compenfe que les hommes ne pouvoient lui arracher; il vouloit être feul dans les grandes villes,
les vifites l'importunoient, les quefions l'aigrif-
foient, l'empreffement du Public, vrai ou faux,
le fatiguoit, les éloges l'irritoient. Pouvoit-il
changer fon caractère & fes affections ? Etoit-il
en fon pouvoir de fuivre les modes & les ufages
de la fociété, & de vendre fa liberté & fon indépendance pour recevoir un encens qu'il dédaignoit ?
ce n'étoient point des admirateurs & des enthou-
fiaftes que Rouffeau cherchoit, c'étoit des amis &
des défenfeurs de fon innocence.

On a blâmé Rouffeau d'avoir dédaigné les
Grands, & fui les honneurs. Mais les Grands
de la terre n'ont aucun droit à notre eftime & à
notre admiration, s'ils n'obfervent point les règles
de la juftice. Le Laboureur qui fertilife la terre,
eft plus utile & plus refpectable qu'un Roi qui
néglige les grands devoirs qui lui font impofés.
Le Philofophe doit refufer les honneurs & les
dignités, parce qu'ils ne fervent qu'à le rendre
dépendant de l'autorité, à corrompre le cœur,
& à affoiblir le génie. Après cela comment doit-
on regarder ces Auteurs qui proftituent lâche-
ment leurs talens à flatter les vices & les erreurs
des hommes puiffans, qui recherchent avec baffeffe les emplois & les richeffes, qui fomentent

avec autant de hardieſſe que d'infamie ces cabales
deſtinées à prôner leurs productions , qui vont
dans des contrées éloignées mendier des penſions
& des louanges, & qui ne forment des établiſſemens littéraires par calcul & par intérêt , ou par
orgueil ? Rouſſeau a-t-il dégradé l'homme en lui
ôtant l'eſpérance de l'immortalité, a-t-il flatté les
Rois de la terre, en érigeant en vertu le meur-
tre & le carnage, a-t-il outragé les mœurs par
des peintures laſcives & ſcandaleuſes, a-t-il attaqué la Religion par des plaiſanteries ou des blaſphêmes ? S'il avoit été dévoré par l'ambition &
par l'amour de la célébrité , il n'auroit pas vécu
ſi long-temps dans la ſolitude pour y enchaîner
ſon génie ; il n'étoit pas épuiſé ce génie, il a
conſervé juſqu'à la mort cette énergie & cette
nobleſſe capables d'enfanter des choſes ſublimes :
il a laiſſé pendant long-temps ce terrein ſi riche
& ſi fertile ſans culture, tandis qu'il ne falloit
qu'un mouvement rapide pour y faire produire
des fleurs & des fruits qui avoient excité la curioſité & l'admiration publiques. Que ce ſoit par
ſingularité ou orgueil , peu importe , il n'a point
dégradé ſon ame par l'hypocriſie, la baſſeſſe &
le menſonge.

Rouſſeau a eu des démélés avec Voltaire ,
Hume, Tronchin , le Prédicant Montmollin ,

Diderot , & quelques autres Philofophes ; on
lui a reproché des fingularités & des bifareries : je
ne veux point entrer dans le détail de ces diverfes
querelles , l'illufion a ceffé , la vérité & le tems
ont détruit l'erreur & le menfonge. Si Rouffeau
a été bifare & fingulier , fes ennemis ont été
jaloux , méchans & injuftes. J'obferverai feule-
ment que dans tous ces différens démêlés il faut
confidérer les mœurs , le caractère , les principes
& les actions de Rouffeau & de fes détracteurs :
cet examen , qu'on a pas affez approfondi , jette-
roit une grande lumière qui éclaireroit & diffipe-
roit les doutes & les incertitudes ; fi je voulois
entrer dans cette difcuffion , l'on verroit la diftance
immenfe qu'il y a de l'un aux autres : ici c'eft un
homme malheureux qui a expié les égaremens
de fa jeuneffe par un repentir fincère , par l'a-
veu qu'il en a fait , & par des grandes actions ,
un homme religieux qui a chéri & annoncé la
vertu , un Philofophe bienfaifant qui a inftruit
les fiècles & les nations , qui a fouffert avec réfi-
gnation & avec conftance les opprobres dont on
a voulu le couvrir , un homme doux , fenfible ,
pauvre , malade , fans crédit ; là ce font des
hommes puiffans & riches , incertains dans leur
morale , comme dans leurs principes , des Philofophes qui ont corrompu la nation , des Ecri-

vains recherchant avec avidité les éloges, les honneurs, les richeffes, des Auteurs protégés, &
penfionnés par le Gouvernement, maîtrifans im-
périeufement l'opinion publique; & diftribuant
defpotiquement les places littéraires, l'Auteur
d'Emile a dévoré dans fon cœur les humiliations
que fes ennemis lui ont fait éprouver, fi quelquefois il a élevé la voix, c'eft lorfqu'il a été
outragé publiquement ; mais a-t-il flétri fa mémoire & les mœurs de fes perfécuteurs par des
invectives, ou des faillies épigrammatiques ?
A-t-il publié des libelles diffamatoires ? a-t-il
mis au jour ces trames odieufes concertées par
quelques Philofophes ? A-t-il révélé ces myftères
d'iniquité, ces complots exécrables, formé dans
le fein des ténèbres ? Non ! il a préféré de gémir fur fes infortunes, plutôt que d'abàndonner fes
ennemis à l'indignation publique, il n'étoit ni
méchant, ni vindicatif; il abandonna fon ouvrage
contre Helvetius, lorfqu'il fut inftruit que ce
Philofophe étoit pourfuivi par l'aútorité ; il par-
donna fincèrement à Paliffòt fon audace & fon
ingratitude en fe rendant auprès d'un grand Roi
fon patron & fon médiateur. Voilà des actions
qui atteftent la bonté du caractère, la grandeur
& la générofité de l'ame.

Un homme couvert d'opprobres & victime de

la perſécution , eſt ſenſible à ſes maux , malheur à lui s'il ne l'étoit point ! cette inſenſibilité prou-veroit la férocité de ſon cœur : il raconte ſes infortunes , ce récit le ſoulage & le conſole ; il s'attendrit , & veut porter l'attendriſſement dans tous les cœurs , il verſe des larmes , il voudroit en faire verſer à ſes amis & à ſes confidens , voilà la ſituation de Rouſſeau ; mais jamais la haine & la vengeance n'ont flétri ſon ame , & jamais il n'a été l'eſclave de ces paſſions terribles , quoiqu'il en ait été la victime. Détracteurs injuſtes & im-pitoyables , venez , ſi vous l'oſez , conteſter des faits dont je ne ſuis que le ſimple hiſtorien.

Rouſſeau quitta la maiſon paternelle âgé de ſeize ans ; c'eſt à cette époque heureuſe de la vie qu'un jeune homme qui a reçu une heureuſe édu-cation , ſe nourrit d'agréables chimères , & mé-dite mille projets ; il voyage dans l'eſpérance de parcourir avec ſuccès la route de la fortune , pour paroître enſuite avec éclat dans ſa patrie , ſenti-ment noble & précieux , lorſqu'il eſt fondé ſur les principes de l'honneur & de la probité. Rouſſeau eſt recommandé à une femme qui , par un privilège rare & précieux , joignoit les charmes de l'eſprit aux graces de la beauté & à la ſubli-mité des vertus ſociales : il s'enflamme , & bientôt un feu violent le conſume. Madame de Warens ,

auffi tendre, auffi fenfible, mais moins paffion-
née, éprouve ce fentiment paifible de l'amour
qui conferve fa pureté & fes plaifirs, en s'éloi-
gnant de la corruption des fens : Rouffeau crut
que fon fort étoit lié avec celui de Madame de
Warens ; il vit dans fa bienfaitrice une divinité
tutélaire qui alloit l'arracher à la mifère, & l'affermir dans l'exercice de la vertu.

Rouffeau, fans ceffe occupé de cette idée confolante, remit fes deftinées aux foins & à la tendreffe de Madame de Warens ; il fe fit fon efclave
pour être fon amant, il lui confacra fa volonté
& toutes les affections de fon ame ; il partit pour
abjurer la Religion de fes peres ; cette abjuration
fut plutôt l'ouvrage de l'amour & de l'obéiffance,
que de la conviction & du fentiment : dans le
même inftant que ce profélyte amoureux & paf-
fionné prononçoit à Turin les paroles de la Li-
turgie facrée, fon efprit tranfporté à Anency,
s'occupoit des plaifirs de l'amour ; cette abjuration faite par un jeune homme efclave & indi-
gent doit-elle être regardée comme un acte de
folie ? non, des paffions vives & impétueufes,
le defir de vivre avec l'amante que fon cœur ché-
riffoit, la confolation & l'efpérance de voir ter-
miner fa mifère, les foibleffes & les égaremens
d'une jeuneffe ardente forcèrent Rouffeau à em-

braffer la Religion de fon amante.

La jeuneffe de Rouffeau fut une chaîne d'aven-
tures bifares, romanefques, & quelquefois char-
mantes, mais fon cœur ne fut point corrompu;
fon fang enflammé portoit l'ivreffe dans tous fes
fens, il foupiroit après le plaifir, ce befoin le dé-
voroit dans le fein même des jouiffances, & l'ex-
citoit à faire des chofes extraordinaires; mais au
milieu de cette agitation violente & perpétuelle,
il étoit bon, religieux; la furface de fon ame
étoit bien troublée par les paffions, mais la profondeur étoit paifible; c'eft ainfi que du fein
même des orages on voit briller les rayons de cet
aftre bienfaifant qui embellit & fertilife les cam-
pagnes. L'imagination de Rouffeau étoit exaltée;
c'étoit le travail du génie qui commençoit à s'agi-
ter; cette crainte de l'enfer qui le tourmentoit, &
dont il fe guérit, annonce, j'ofe le dire, une ame
fortement religieufe. Il reconnut bientôt fes erreurs & fes illufions, & fon efprit obfervateur tra-
vailla dans le filence; c'eft dans la retraite que
mûriffoit cet homme extraordinaire qui devoit
frapper l'Europe d'admiration par fon génie &
fon éloquence. Il s'élance avec fierté dans la car-
riere littéraire, parcourt toutes les branches de
cet arbre majeftueux dont les rameaux falutaires
ombragent l'univers, annonce une morale nou-

velle, & puife dans la nature fes inftructions & fes préceptes. Après l'apparition d'Emile, cet ouvrage immortel qui humilia la fecte philofophique, & la fit frémir de rage, Rouffeau, perfécuté, changea fon caractère & fes affections primitives : fes fouffrances & fes humiliations affoiblirent fon corps. Forcé de méprifer fes perfécuteurs, il mit un frein à leur fureur en fe retirant dans une aimable folitude : loin du tumulte de Paris, les vices des hommes n'infectoient plus fes regards, il n'entendoit plus le bruit des fiflemens de ces infectes obfcurs qui avoient répandu leur venin fur fes mœurs ; la contemplation des merveilles & des bienfaits de la création portoit dans fon ame la joie, l'efpoir, l'attendriffement, la confolation ; il mourut fans foibleffe comme fans remords, en adorant le Dieu de la nature. Voilà cet homme foible dans fa jeuneffe, grand dans l'âge mûr & dans la vieilleffe, voilà cet Ecrivain fublime, ce Philofophe vertueux, ce Légiflateur des nations, dénoncé à la poftérité comme un *fou*, un *infenfé*, un *maniaque*. Plaignons ce Magiftrat qui a outragé fi cruellement la mémoire de Rouffeau en l'accufant de folie & de démence. La prévention a égaré ce Philofophe, l'erreur a produit le menfonge & le faux jugement : il a diffamé l'Auteur d'Emile, fans croire être un ca-

lomniateur. L'on devient injuſte, & méchant dans
le fait, a dit Rouſſeau, ſans avoir ceſſé d'être
bon & juſte dans l'ame.

Examinons rapidement les ouvrages de Rouſſeau, le ſeul Philoſophe peut-être dont les principes particuliers étoient conformes à ſa doctrine
publique : jugeons enſuite ſi ſon cœur nourriſſoit
ce germe de folie dont ſon détracteur parle avec
tant de complaiſance.

Une Académie célèbre propoſe une queſtion
utile & intéreſſante ; Rouſſeau développe dans un
diſcours toute la ſublimité de l'éloquence & la
force de la perſuaſion pour prouver que les ſciences ont ſervi à corrompre les mœurs, les vices
de ſon ſiècle, cette dégradation qui flétrit tous
les états, cette fauſſe philoſophie qui rend l'homme
méchant, hypocrite, & lui ôte même l'eſpoir
de devenir vertueux, puiſqu'elle fait le mal par
réflexion, juſtifient ſes opinions & ſes principes.

Son diſcours ſur l'inégalité des conditions,
malgré les difficultés d'adopter le ſyſtéme qu'il
renferme, contient de grandes vérités. Il nous
fait connoître l'homme tel qu'il eſt ſorti des
mains du créateur, avec quelle majeſté il le re-
préſente dans l'état primitif, libre, heureux &
indépendant, ne connoiſſant que deux beſoins phy-
ſiques qu'il pouvoit ſatisfaire ſans contrainte,

comme fans remords! Il examine fes forces, fes fa-
cultés, fon induftrie : que de profondeur dans cet
examen ! avec quelle énergie il peint les malheurs
& les crimes qui dégradent l'homme focial ! ce
tableau eft un chef-d'œuvre de génie. Si les Lé-
giflateurs ont été forcés d'établir une inégalité politique parmi les hommes, fi la civilifa-
tion actuelle exige qu'on la maintienne, s'il eft
impoffible de rétablir cet état de nature dont
quelques Philofophes froids & languiffans ofent
contefter l'exiftence, il n'eft pas moins vrai que
l'homme ne fera véritablement heureux que lorfqu'il fuivra ces principes facrés & invariables gravés par la nature, & dictés par la confcience ;
c'eft au milieu de la fociété que naiffent les paffions & les vices, c'eft-là où l'homme, perdant
fa bonté originaire, fe dégrade & fe corrompt ;
le fauvage de la nature eft bien différent, il ne
defire que le repos & une femme, & il eft
heureux.

Les fpectacles corrompent les mœurs & entraî-
nent au crime, de ce lieu infernal fe répand un
poifon mortel qui infecte l'innocence, & fortifie
dans le libertinage les ames déjà dégradées. Rouffeau prouve cette vérité dans un difcours éloquent
où il développe, avec autant de grace que d'énergie, ces dégradations fenfibles par lefquelles le
vice

vice en séduisant les sens, attaque un cœur tendre
& sensible, & le rend une triste victime de l'opprobre & de la séduction, avec quelle douceur
& quelle force il invite les femmes à pratiquer
les devoirs de leur état, & leur apprend que c'est
par la pureté de leurs mœurs, leur modestie, &
leur soumission qu'elles parviendront à obtenir
notre estime & notre admiration.

Le Roman de la nouvelle Héloïse est un
ouvrage agréable & instructif. Qu'il est consolant de voir une famille vertueuse & des
amis bienfaisans, loin de la dissipation des
grandes villes, au milieu d'une campagne riante,
& dans le sein même de la nature, goûter la paix
& la félicité ! Julie, par la force de son amour &
la sublimité de son enthousiasme, nous attendrit,
& nous fait verser des larmes : si ses sens l'égarè-
rent quelquefois, son âme conserva toujours sa
pureté ; sa chûte la rendit plus chère & plus respectable, puisqu'elle fit éclore ces vertus rares &
précieuses qui l'embellirent. Elle remplit avec
constance & avec fidélité ses devoirs d'épouse &
de mère : elle consola les affligés, soulagea les
malheureux, consacra sa vie à faire le bonheur de
son père, de son époux & de ses amis ; & après
avoir exercé l'héroïsme de la bienfaisance & de la
charité, mourut victime de la tendresse maternelle.

C

Saint-Preux nous intéresse par son amour & ses
malheurs ; ses discours, ses transports, son délire même, tout nous attache & nous ravit. Cet
amant malheureux est bon, sensible, honnête &
généreux ; malgré les murmures & les agitations
de son cœur, qui lui rappellent ces momens
fortunés où, dans les bras d'une amante chérie,
il goûtoit la suprême félicité, il ne cessa de res-
pecter Madame de Volmar : cette femme adora-
ble n'avoit pas besoin de l'ascendant de sa vertu
pour inspirer à son ami l'horreur pour l'adultère ;
la pensée seule de ce crime le fait frémir. M. de
Volmar est un sage qu'on est forcé d'aimer &
d'admirer, malgré ses erreurs & son aveuglement.
Quelle noblesse dans ses sentimens ! quelle onc-
tion dans ses discours ! avec quel art il sçut pénétrer dans le cœur humain ! les anciens égaremens de son épouse deviennent pour lui de nouveaux motifs pour la chérir & l'estimer ; l'exemple perpétuel de la vertu le rendit Chrétien, &
la connoissance du Dieu de la nature affermit sur
une base inébranlable la moralité de sa conduite.
Le Baron Destange est un vieux Gentilhomme,
jaloux des prérogatives de la Noblesse ; il regarda
comme un opprobre son alliance dans une famille
obscure, & consulta plutôt l'honneur attaché à la
naissance que la voix de la nature ; mais il fut fi-

dèle à sa parole, & observa les principes de la probité. Claire remplit avec zèle les devoirs de l'amitié & de la confiance, elle trouva le plaisir & le bonheur dans cette aimable & vive coquetterie qui occupe le cœur sans le corrompre. Edouard défendit avec fermeté son ami contre des préjugés injustes & bisâres ; il réunit les vertus douces & paisibles du citoyen avec la valeur du guerrier & le génie du Philosophe. Mais pourquoi faut-il que tout cela ne soit qu'une agréable fiction ? Triste & déplorable destinée de l'humanité ! tandis que la société ne nous présente que des crimes & des malheurs, nous sommes forcés d'admirer & de contempler dans des fables & des romans le tableau de la vertu & du bonheur !

Rousseau étoit né pour opérer une heureuse révolution dans l'éducation ; c'est-à-dire, dans cet objet d'où dépend notre existence physique & morale. Emile paroît, dès-lors une réforme salutaire suprime les anciens abus ; & substitue de nouveaux principes : la voix de la nature pénètre dans tous les cœurs ; on admire son pouvoir, ses merveilles & ses bienfaits ; on reconnoît que c'est en suivant ses loix & ses inspirations, que l'homme peut être constamment heureux. La mère ne veut plus confier son enfant chéri à une nourrice mercenaire, fa tendreffe en eft allarmée, elle furmonte les délicateffes de fon fexe, ofe braver ces préjugés funeftes qui font notre opprobre & notre tourment, & méprife les clameurs de ces hommes froids & malheureux qui n'ont jamais goûté les plaifirs purs de la nature. Cette mère refpectable diftribue à fon fils, avec alégreffe & avec un doux fourire, ces fources fécondes d'un lait bienfaifant, qui lui donne la vie & la fanté ; il n'eft plus enveloppé dans ces langes meurtriers qui affoibliffent & défigurent le corps ; fes membres tendres & flexibles ne font plus comprimés, & jouiffent d'une heureufe liberté ; l'enfance lui doit fon bonheur. Avec quelle grace & quelle force Rouffeau recommande aux pères & aux précepteurs d'être bons, juftes, compatiffans envers leurs élèves & leurs enfans, de répandre des fleurs fur cet âge fortuné, & de ne point immoler fa félicité préfente au fort d'un avenir incertain.

Rouffeau inftruit tous les fiècles, & toutes les générations, il prend l'homme dans fon berceau ; & ce nouveau Mentor le conduit dans tous les divers degrés de la vie ; il lui offre les charmes & les confolations de la vertu, la beauté de la nature, la pureté de la morale, en les ornant des plus brillantes & aimables couleurs ; prouve l'exiftence du Dieu de la nature, enfeigne cette

Religion fainte & fublime, feule digne de l'Etre bon qui nous a créés, combat les erreurs de la fuperftition & les fureurs du fanatifme, prend le vol de l'aigle pour pénétrer dans le fanctuaire de la Divinité ; & , profterné humblement, il lui rend un hommage pur & un culte fincère ; convaincu de l'immortalité de l'ame, il attend avec confiance ce jour où la fienne, détachée de fon enveloppe groffière, ira recevoir la récompenfe de fes vertus & de fes travaux. Quand on médite fur cette vérité confolante, & qu'on joint la conviction au fentiment, il n'eft pas poffible d'être méchant, ni hypocrite : cette douce efpérance nous attache à la vertu & nous la fait chérir. Ah ! que de livres, que le fiècle a vu naître, périront ! toutes ces productions infames, tous ces écrits frivoles que nous admirons aujourd'hui, deviendront la proie du temps; mais Emile eft marqué du fceau de l'immortalité, il furvivra aux ruines & aux révolutions, & ira inftruire la dernière génération ; dans un fiècle de vertu & de lumière il deviendra le code civil & religieux de la nation ; le nom de Rouffeau fera infcrit dans les archives immortelles, & la poftérité bénira fa mémoire.

Le Contrat focial réunit la Majefté de l'éloquence à la profondeur des penfées. Il annonce

un génie sublime & de vastes connoissances : ses
principes ont paru faux & dangereux, parce qu'ils
combattoient les maximes actuelles du Gouvernement ; il faut des siècles pour détruire les abus
de la politique & les vices de nos institutions
sociales : Rousseau voulut construire un édifice
nouveau, en créant une législation nouvelle, &
en perfectionnant les grandes sociétés ; il se trompa
sans doute, parce que la Monarchie est le plus
utile & le plus beau de tous les Gouvernemens.
Le Prince, en obéissant aux loix, & en distri-
buant les dignités & les récompenses, concilie
les droits de la Souveraineté avec les privilèges
du peuple. L'Etat, sous un Roi juste, ne sera
point agité par des convulsions intestines, & ses
sujets seront heureux. L'Aristocratie fomente l'orgueil & l'ambition des Grands. La Démocratie
entretient cet esprit de discorde & de sédition in-
séparable d'un Etat Républicain. Le despotisme
des Grands & les factions des peuples préparent
la chûte des Empires. Qu'il nous soit ici permis
d'observer qu'il est bien étonnant que dans un
siècle éclairé, malgré les réclamations des Sages
& des Sçavans, nos loix continuent à présenter
un cahos de contradictions, d'absurdités & de barbarie. Le Législateur qui doit opérer une heureuse révolution dans cet objet, aussi intéressant que pré-

cieux, tarde bien à paroître ; la génération préfente
feroit-elle donc deftinée à gémir fur les vices de
notre Légiflation, & à être la victime des malheurs qu'elle enfante !

Les Lettres de Lamontagne font un modèle
de patriotifme & de morale. Roufleau développe
les défauts & les imperfections de fon ancienne
patrie, pour la forcer à réformer une adminif-
tration vicieufe ; il nous montre la fublimité &
la fageffe de cette Religion que les erreurs & les
innovations de quelques hommes ardens & fuperf-
titieux ont défigurée en fubftituant à la fainteté
de l'Evangile, à la pureté & à la fimplicité de
fa morale, des maximes arbitraires, des fyftê-
mes intolérans, une doctrine féroce & fangui-
naire qui outragent également la bonté & la juftice de la Divinité, & rendent l'homme fourbe,
hypocrite, cruel & méchant.

Le projet de Roufleau fur la paix perpétuelle,
fes réflexions fur la Pologne, & le defir de donner un code de Légiflation à la Corfe, prouvent
que ce Philofophe s'occupoit de la félicité publique : fes productions en fait de mufique atteftent
qu'il connoiffoit les principes & les règles de cet
art divin qui influe plus qu'on ne penfe fur les
affections de l'ame. Après cela l'on rit de la
bonhommie de cet Ecrivain qui, dans une mau-

vaine compilation, affure que Rouffeau n'étoit ni Poëte, ni Compofiteur. Ses Confeffions & fes Promenades folitaires démontrent qu'il étoit bon, fincère, fenfible : avec quelle candeur il raconte fes foibleffes ! avec quel repentir il publie fes erreurs & fes paffions ! Dans fes Dialogues il s'entretient avec lui-même, & rappelle fes perfécutions, fans flétrir fes perfécuteurs. Quoique les derniers Ouvrages de Rouffeau ne foient point animés par la fraîcheur du coloris & la majefté du ftyle de fes premiers Ecrits, ils portent cependant l'empreinte de fon génie & de fon éloquence.

Si les Ouvrages de Rouffeau refpirent l'amour de la vertu, fi l'on y voit la magie du ftyle ; la fublimité de l'éloquence, la force du génie, la profondeur du raifonnement, fa raifon a donc confervé fon éclat & fa liberté ; cette flamme vive n'a point été obfcurcie par le délire, les paffions & les vices. Ainfi, publier que l'Auteur d'Emile, du Contrat focial, de l'Héloïfe, portoit & nourriffoit dans fon fein un germe de folie qui le rendit extravagant & maniaque, c'eft tromper la foi publique, c'eft infulter aux manes d'un Philofophe que fon détracteur doit refpecter & chérir, puifqu'il l'a pris pour modéle, & que c'eft dans les Ouvrages de Rouffeau que l'ancien Ma-

giftrat eft redevable de ces beautés mâles & éner-
giques que nous voyons quelquefois dans fes Ecrits.
Cette imputation hardie & calomnieufe fera un
jour le défefpoir de celui qui a eu la foibleffe de
publier un menfonge auffi odieux, s'il n'a pas le
courage de fe rétracter.

Rouffeau a écrit fes Confeffions ; ce phénomène
fingulier a frappé les efprits : l'homme fincère &
vrai qui a révélé les myftères de fon cœur pour l'inf-
ruction publique, a été regardé comme un mortel
infenfé qui vouloit introduire un ufage contraire
aux bonnes mœurs , & funefte à la fociété.
Il feroit fans doute imprudent & dangereux
que chaque Ecrivain voulût imiter le citoyen de
Genéve : le Gouvernement devroit fans doute
arrêter un abus qui pourroit entretenir les haines,
fomenter les méfiances & les délations, porter le
fcandale & le défordre dans les familles ; & outrager la fainteté des mœurs & de la vertu ; mais
que nos alarmes ceffent, Rouffeau n'aura point
d'imitateur ; l'hypocrite ni le méchant ne feront
jamais tentés de donner l'hiftoire de leur vie, ils
n'oferoient point defcendre & interroger leur confcience ; ils ont l'art de cacher dans l'obfcurité
des ténèbres leurs intrigues, & ils ont trop d'intérêt de tromper la crédulité publique, pour expofer au grand jour leurs penfées fecrettes, leurs

démarches & leurs actions ; s'ils étoient sincères, le tableau inspireroit le mépris & l'horreur ; s'ils ne l'étoient point, leur hypocrisie & leur imprudence briseroient bientôt ce voile mystérieux qui cache leurs difformités, bientôt ils seroient dévoués à l'opprobre & à l'indignation publiques. Mais qu'un Ecrivain enflammé, comme Rousseau, par l'amour de la vertu, desirant, comme lui, d'instruire ses contemporains & les générations futures, forme le projet, au commencement de sa carrière publique, d'écrire ses confessions, cette idée sublime échaufferoit son ame, lui donneroit une nouvelle énergie ; l'espoir de jouir de l'estime publique, de la paix de sa conscience, des hommages de la postérité, l'exciteroit à observer les principes de la justice ; son testament seroit un dépôt toujours subsistant, où l'homme viendroit étudier ses devoirs, & se former à l'école de la vertu.

Rousseau a été accusé d'avoir outragé la nature en envoyant ses enfans à cet Hospice sacré, établi par cet homme chéri de Dieu, la gloire de la Religion & le bienfaiteur de l'humanité. L'Auteur d'Emile étoit pauvre, il craignoit de laisser ses enfans dans l'indigence ; il redouta de les confier à une mère, dont il connoissoit les foiblesses & les caprices ; il frémit en voyant que

par l'effet d'une mauvaise éducation, ses enfans,
témoins de la dissolution publique, pourroient
devenir des scélérats; cette crainte profondément
gravée dans son cœur, l'a forcé à faire un acte
qu'on a regardé comme un attentat, mais qui,
dans son opinion & ses principes, est peut-être un
acte de sagesse & de prudence : un père pauvre
n'est point dénaturé, lorsqu'il abandonne ses en-
fants à la bienfaisance publique; il vaut mieux
qu'ils vivent obscurs & ignorés dans ces Hospices
créés pour recevoir & consoler l'humanité souf-
frante, que de les voir traîner, dans une société
corrompue, une existence douloureuse & pénible
par un travail forcé & humiliant. On s'accou-
tume aisément aux lieux qui ont présidé à notre
éducation : les Enfans trouvés ne connoissent point
les plaisirs dangereux de la ville, ils se plaisent
dans l'exercice de leurs travaux journaliers ; & tel
qui y coule ses jours dans l'innocence & la paix,
auroit été dans la société un malfaiteur qui auroit
peut-être expié sur un échaffaut ses attentats. C'est
dans la jeunesse où se forme le caractère; notre
destinée dépend de nos premières inclinations ; la
vieillesse est l'image du printems de la vie : si
l'enfant a été vicieux, le vieillard le sera aussi. Il
est vrai que l'âge & la réflexion peuvent le corriger ;
mais il est difficile de détruire ce germe de cor-

ruption qui a pris des accroissemens si considé-
rables, & que le temps & l'habitude ont fortifiés.
L'enfant qui ignore son origine, accoutumé à la
fatigue & au travail, conserve ses affections douces
& paisibles; il semble que l'ignorance de sa naissance & l'exercice de ses occupations l'invitent à
aimer son état & à pratiquer la vertu; voilà quels
étoient sans doute les principes de Rousseau, ils
lui ont servi de règle dans sa conduite ; il
étoit peut-être dans l'erreur, mais cette erreur
ne prouve point la férocité de son cœur. L'homme,
flétri par la persécution, victime de l'injustice,
devient facilement sombre & inquiet ; il adopte
des maximes fausses & de fausses opinions, & s'é-
loigne de la vérité en croyant combattre les préjugés, les erreurs & les prestiges; mais l'ame n'est
pas moins sensible, tendre, fidelle aux devoirs de
la nature & de l'humanité : on peut faire une
mauvaise action que l'on croit bonne, le cœur est
alors justifié, il ne reste plus qu'à plaindre les égaremens de l'esprit.

Brutus, immolant ses enfans pour le salut de
l'Etat, Manlius ordonnant le supplice de son fils
pour la conservation de la discipline militaire,
ont-ils été dévoués à l'indignation des siècles ?
non : on a admiré, & on a été saisi d'un respect
religieux en voyant la grandeur d'ame de ces Ré-

publicains auſtères qui ont ſacrifié les ſentimens
de la nature à l'amour de la patrie. Pourquoi donc
voulez-vous couvrir d'opprobres un homme qui,
malgré les murmures & les gémiſſemens de ſon
cœur, a conduit ſes enfans dans un endroit paiſible,
pour les ſauver du naufrage général, en les arra-
chant à la miſère & au crime. Rouſſeau a ſçu
inſpirer à tous les hommes un ſentiment de tendreſſe & d'attendriſſement pour les enfans, il leur
a recommandé d'aimer & de conſoler cet âge vrai-
ment intéreſſant, il a dédaigné l'éclat d'une éloquence factice, il a puiſé ſes principes dans la nature & dans ſon cœur : il eſt impoſſible que cet
homme ſoit méchant, & qu'il ait voulu outrager
ce ſentiment intérieur qui nous conduit, & qui ne
peut nous égarer. Le méchant n'a pas intérêt de
recommander la pratique de la vertu, parce qu'il
a beſoin de complices ; il n'en auroit point ſi l'on
adoptoit ſa doctrine & ſes maximes. Rouſſeau,
en laiſſant ignorer à ſes enfans leur naiſſance &
leur origine, a cru ſincèrement qu'ils ſeroient plus
heureux : or, s'il a été dans cette perſuaſion, plaignons ſon erreur, mais n'outrageons point ſon cœur.

Qu'eſt-il beſoin, après tout, d'examiner la vie
privée de Rouſſeau ? c'eſt dans ſes Ouvrages qu'il
faut aller chercher nos inſtructions & nos lumières. Si ces dépôts précieux renferment les prin-

tipes de la fageffe & de la morale, nous devons
les confulter, & les adopter pour règle de nos
actions & de notre conduite. Le génie a imprimé
fur ces Ecrits immortels fa force & fa fublimité,
en y développant ces grandes vérités deftinées à
inftruire les nations, & à affermir les fondemens
de la félicité publique. Peu importe de connoître
le caractère, les mœurs, la phifionomie de ces
Philofophes qui honorent les fiècles en les éclairant. Quand on fixe fes regards fur un édifice majeftueux, on bénit & on admire le génie de l'Ar-
chitecte, fans le voir, ni le connoître : l'ouvrier
fe cache & difparoît, mais l'ouvrage fubfifte pour
exciter notre eftime & notre réconnoiffance.

L'homme de génie doit obtenir notre hommage
& notre admiration, s'il a honoré l'humanité,
inftruit les fiècles & les nations ; il faut lui pardonner fes erreurs, pour ne confidérer que les grandes
vertus qui ont orné fon ame ; il faut le plaindre,
fi la foibleffe, l'inquiétude, la méfiance ont trou-
blé quelquefois la férénité de fes jours : les imperfections du caractère font des taches bien lé-
gères, lorfque la bonté & la bienfaifance embel-
liffent le cœur, & qu'on a réparé dans un âge
mûr les illufions & les foibleffes de la jeuneffe.
Pourquoi lui reprocher éternellement fes égaremens ? Eh ! foyons compatiffans pour les maux

de l'humanité ; recevons dans notre fein , confo-
lons avec douceur ces infortunés qui expient par
leurs gémiſſemens & leur repentir , leurs anciennes
erreurs. Dieu a créé l'homme à ſon image ; qu'il
imite ſa bonté & ſa clémence , qu'il inſpire l'a-
mour de la vertu par ſon exemple & ſes préceptes ,
qu'il recommande à tous les hommes la vérité ,
la juſtice & la bienfaiſance. Voilà cette doctrine
ſublime & conſolante qu'il faudroit graver ſur des
monumens publics , & dans les cœurs de tous
les mortels. Philoſophes modernes , annoncez ces
grandes vérités ; voilà la tâche honorable qui vous
eſt impoſée : ſi vous rempliſſez ce miniſtère de
conſolation & de paix , vous aurez pour récom-
penſe l'eſtime de vos contemporains , l'amour & le
reſpect des générations futures. Cette gloire vaut
bien ſans doute ces éloges & ces palmes littéraires
que vous recherchez avec avidité , & que vous
obtenez à force de baſſeſſe & d'adulation.

Rouſſeau n'a point flétri la mémoire de Madame de Warens par le récit de ſes foibleſſes &
par ſes éloges. Qu'il m'en coûtera peu pour le
juſtifier de cette odieuſe accuſation, en prouvant
que Madame de Warens , dans ce temps d'avil-
liſſement & de corruption , eſt peut-être un modèle à propoſer à nos femmes de Paris ! Pour
remplir cette tâche , il faut néceſſairement rap-

procher les mœurs, les actions, le caractére & les principes de Madame de Warens, avec les mœurs, les actions, le caractère & les principes des femmes de ce siécle, les comparer, les juger, & proüver jufqu'au dernier degré de la démonftration, que l'une, malgré les égaremens de fes fens & le preftige de fa raifon, peut infpirer l'amour & la pratique des vertus fociales, que les autres ne fonts propres qu'à corrompre les hommes, en les forçant au crime, & que les malheurs qui affligent la fociété, font l'ouvrage de leur infame féduction. Si je parviens, comme je m'en flatte, à prouver cette propofition, Roufleau & Madame de Warens font juftifiés. Je n'écris que pour les hommes honnêtes & vrais ; je ferai fatisfait, fi j'obtiens leur fuffrage, voilà la feule récompenfe qui fera chère à mon cœur.

Madame de Warens reçut de la nature un cœur fenfible ; ce fentiment qui égara quelquefois fa raifon, embellit fon ame, & répandit fur toutes fes affections ce charme confolateur, ces émotions délicieufes, ces tranfports attendriffans qui touchent & enchaînent le cœur, fans le corrompre. Madame de Warens fut bonne, douce, bienfaifante, généreufe ; elle confola les affligés, foulagea les infortunés, protégea le foible & le pauvre contre la violence & le crédit de l'intri-

gant

gant & de l'oppreſſeur , créa des établiſſemens
pour exciter l'émulation., & arracher à la miſère
des malheureux trahis par la fortune , & victimes
de l'injuſtice ; elle ne connut point cet art perfide
de tromper & de ſéduire par de fauſſes démonſtra-
tions d'amitié , elle ignora ce manège artificieux de
la coquetterie qui annonce preſque toujours un
penchant ſecret au libertinage. Une femme qui
réunit l'amour de la bienfaiſance & de l'humanité
à la tendreſſe du ſentiment , eſt bien propre à faire
une heureuſe révolution dans les mœurs ; elle peut
changer le caractère des hommes, les rendre bons,
ſenſibles , heureux , & les attacher par goût &
par principe à la pratique de leurs devoirs.

Nous ſommes nés pour être heureux ; c'eſt en
nous écartant des loix de la nature , que les préjugés nous aviliſſent. La ſociété renferme dans
ſon ſein un poiſon qui infecte tous les états ; c'eſt
donc dans notre propre cœur que nous devons
chercher la paix & le bonheur. Le témoignage
de notre conſcience , cette conviction intérieure
qui nous éclaire & nous inſtruit, ſont des guides
plus ſûrs que l'opinion publique ; elle peut nous
égarer , parce qu'elle produit les erreurs & les
faux jugemens ; mais la nature , invariable dans
ſon éſſence , vraie dans ſes principes , conſolante
& pure dans ſa morale , ne nous trompe jamais.

D

Madame de Warens avoit toujours befoin d'un ami & d'un confolateur; il lui falloit un confident & un dépofitaire de fes fecrets; mais fon ame, fans ceffe agitée, n'éprouvoit point des remords, parce que fon cœur étoit fait pour aimer, & que dans le fein du plaifir elle cherchoit moins à fatisfaire le defir & les tranfports de fes fens, qu'à faire le bonheur de fes adorateurs. Si Madame de Warens n'avoit pas aimé, elle auroit été peut-être une femme ordinaire. L'amour qui prend fa fource dans la tendreffe du cœur, répand fur nos affections cette fenfibilité qui entraîne & qui fubjugue; il fait plus, il purifie les imperfections de notre ame, lui donne une nouvelle énergie, & produit ces fentimens fublimes de bienfaifance & d'humanité qui opèrent de fi grandes chofes.

Madame de Warens prodiguoit fes faveurs à plufieurs amans; mais elle faifoit des heureux; ce fouvenir confolateur attendriffoit fon ame; cette volupté, qui fe perpétue long-temps après la jouiffance, lui faifoit éprouver ces douces fenfations inconnues aux ames froides & paffionnées. Elle fut inconftante, il eft vrai, mais elle avoit befoin de changer d'objet pour conferver cette fenfibilité & cette tendreffe de fentiment qui la rendirent généreufe & bienfaifante: la perte de fa

liberté auroit peut-être entraîné celle de ſes grandes vertus qui ornoient ſon ame. Qui ſait même ſi
un attachement conſtant ne nous rend pas indif-
férens à la commiſération ? Fixés ſans ceſſe ſur
l'objet de nos deſirs, nous oublions qu'il exiſte des
malheureux qu'il faut ſecourir & conſoler.

La femme qui ne vend point ſes faveurs eſt
maîtreſſe de ſon cœnr ; elle peut le donner & le
reprendre à ſon gré. L'inconſtance n'eſt point un
crime, puiſqu'elle n'outrage point la nature. On
ne doit point exiger qu'une femme aime toujours
la même perſonne ; & l'amant qui a ceſſé de plaire,
n'a pas le droit de s'en plaindre : elle ne doit ni
conſtance, ni reconnoiſſance ; ſi ſon choix a été
libre & déſintéreſſé, ſi elle a promis une fidélité
inviolable, ſon ſerment eſt illuſoire, & ſes pro-
meſſes ne la lient point, parce qu'elles ſont l'ouvrage des illuſions des ſens. Nos goûts & nos
affections varient, nous ne pouvons point les di-
riger vers le but qu'on nous propoſe. Une femme
bonne & bienfaiſante le ſera toujours ; mais mille
circonſtances, des évènemens qu'elle n'a pu prévoir, & mille ſituations opèrent ſon inconſtance : elle a aimé, & elle eſt ſurpriſe d'aimer,
ſon attachement diminue, ſans qu'elle puiſſe en
aſſigner la cauſe & le motif, & par des gradations
ſenſibles, elle devient froide & indifférente. Peut-

être est-il un temps marqué où l'illusion se dissipe, où le cœur épuisé est forcé de changer d'objet, pour empêcher son dépérissement total ; le dégoût s'empare de son ame, elle pleure, elle ne voit dans son ancien amant qu'un importun, ou un indiscret, le souvenir même des plaisirs déchire son ame, & ses sens éprouvent une émotion douloureuse ; la séparation est donc forcée, la femme, que son amant ne rappelle plus aux charmes de l'amour, doit nécessairement rompre des nœuds qui feroient le tourment de ses jours ; il a beau pousser des cris & des gémissemens, elle doit être inflexible & fuir son aspect. L'amour est un feu qui s'épure & s'annoblit, tandis qu'il conserve son activité ; s'il ne nous éclaire plus, il nous aveugle & nous égare. Il n'appartient qu'à nos femmes de Paris de prostituer ce sentiment sublime par leur froideur & leur insensibilité : la débauche les a tellement flétries, qu'elles ne sentent ni les douceurs ni les consolations de l'amour ; les bienfaits qu'elles reçoivent contentent bien leur avidité, mais n'ouvrent jamais leurs cœurs à la reconnoissance : l'opprobre les a dégradées à un point qu'elles acceptent le bien avec indifférence, & souffrent sans murmure les insultes & les humiliations.

La demoiselle de Latour du Pil étoit née Pro-

teftante , elle avoit époufé fort jeune M. de Warens ; ce mariage, qui ne produifit point d'enfans,
ne fut pas heureux : elle abjura le culte de fes
ancêtres ; & , fuivant fa nouvelle Doctrine, elle
crut pouvoir rompre des nœuds formés fous des
aufpices malheureux. En adoptant la Religion
catholique , Madame de Warens n'en adopta pas
toutes les maximes ; elle eut fur la liberté de
l'homme & fur l'inftitution du Sacrement de mariage une doctrine que la Religion qu'elle venoit
d'embraffer profcrivoit. (Mais il ne s'agit pas ici
de juger fa foi.) Elle crut que , maîtreffe de fes
affections, elle pouvoit difpofer de fon cœur, en
s'affranchiffant de ces formalités que l'Eglife pref-
crit ; elle ne confulta point l'opinion publique ,
elle fut affez grande pour s'élever au-deffus des
préjugés ; elle cherha la paix & le bonheur, &
les trouva dans la tendreffe de fes fentimens, dans
la fenfibilité de fon ame , & dans l'exercice de
toutes les vertus fociales.

Une femme engagée par les loix du mariage ,
a tort fans doute de quitter la fociété de fon mari ,
elle doit fouffrir fes injuftices ; l'infidélité & les
vices même de fon époux ne l'autorifent point à
rompre le contrat d'union ; c'eft par fes larmes,
fa douceur & fa patience qu'elle doit l'attendrir :
qu'elle attende avec confiance, & fans murmurer,

cet heureux temps qui le ramenera à la pratique
de ſes devoirs. Une femme douce peut amollir
le cœur le plus féroce, ſon pouvoir eſt non-ſeulement dans ſes charmes, mais dans la douceur
de ſon caractère & de ſes ſentimens. Si les maris
forment aujourd'hui dans leurs propres maiſons des
barrières domeſtiques qui les éloignent de celles
que des nœuds fortunés devroient unir, ſi l'hymen répand la froideur & le dégoût, ſi les époux
vont chercher dans une ſociété étrangère la paix
& le bonheur qu'ils ne trouvent point dans le ſein
de leur famille, cette horrible corruption des
mœurs eſt l'ouvrage de la contradiction & de la
biſarerie du caractère des femmes plutôt que de
leurs infidélités.

On doit plaindre une jeune femme que la barbarie d'un père, l'intérêt, les convenances ont traî-
née à l'autel pour s'unir à un époux que ſon cœur
abhorroit ; peut-elle aujourd'hui chérir celui qui
eſt devenu ſon maître? Les affections du cœur ſont
libres, on doit gémir ſur le ſort de cette infortunée qui trouve des tourmens & des ſupplices
auprès d'un époux qui ne cherchoit qu'à lui infpirer l'amour le plus tendre & le plus vif ? Vains
efforts ! il trouve la froideur & l'indifférence ſur
le lit même nuptial, & tout près de la ſource du
plaiſir ; il ne peut en goûter ni les douceurs, ni

les confolations : au lieu d'une femme fenfible, il
ne voit qu'un objet froid, inanimé : le dégoût,
la haine, l'antipathie fuccèdent à cette cruelle
indifférence ; les myftères de l'hymen font profanés,
la dépravation dégrade les fens ; il faut éviter des
malheurs & des crimes par une féparation volon-
taire. Mais fi cette femme a un cœur fenfible, fi
elle eft tourmentée par le defir & le befoin d'aimer,
fi dans la folitude même le cri puiffant de la nature
fe fait entendre, fi une imagination ardente vient
enflammer fes fens, fi elle brûle de goûter le plaifir, fi enfin, trop foible pour réfifter, elle fe jette
dans les bras d'un amant chéri, on doit peut-être
verfer des larmes fur fon erreur, gémir fur fa
deftinée, plaindre un cœur foible & fenfible qui,
après des efforts pénibles & des combats violens,
fe livre aux douceurs de l'amour : elle offenfe fans
doute nos inftitutions ridicules & atroces, mais
elle ne mérite point l'indignation publique, puifqu'elle obéit aux mouvemens de fon cœur & aux
infpirations de la nature. Ses foibleffes ne pren-
nent point leur fource dans le vice ; l'intérêt ni la
débauche ne font pas le principe de fa tendreffe ;
fi fes fens font fouillés, fon cœur n'eft point
complice de cette dégradation ; mais, fi cette
femme eft généreufe, bienfaifante, fi elle confacre
fes biens à foulager les malheureux, fi elle confole

les affligés, fi elle devient la protectrice des foibles contre le riche puiffant : ah ! que le cortège de ces grandes vertus eft bien propre à faire oublier fes erreurs ! On fe fent entraîné à l'admiration, au refpect même, & on perd le fouvenir de fes égaremens pour contempler cette femme refpectable dans l'exercice conftant de la bienfaifance & de la charité.

Madame de Warens fut foible fans doute, mais elle ne pervertit perfonne ; fes adorateurs au contraire étoient témoins tous les jours de ces aimables vertus qui ornoient fon ame, & contemploient avec admiration ce modèle précieux, pour en être les imitateurs. Un amant prend bientôt les inclinations de fa maitreffe, ou il n'aime pas.

» Madame de Warens, dit Rouffeau, étoit jufte,
» équitable, humaine, défintéreffée, fidelle à fa
» parole, à fes amis & à fes devoirs, incapable de
» haine & de vengeance, & ne concevant pas
» même qu'il y eût le moindre mérite à pardonner.
» Elle prodiguoit fes faveurs, mais elle ne les ven-
» doit point, quoiqu'elle vécût dans la médiocrité.

Dépouillons-nous de cette prévention qui égare, & fixons-nous fur les faits qui inftruifent plus que les raifonnemens. Les tableaux & les peintures plaifent à l'imagination, mais l'hiftoire des faits nous éclaire ; c'eft un guide fidèle qui ne fçauroit nous tromper : en nous montrant les effets fenfibles des évènemens & des révolutions , il nous en fait connoître les caufes ; c'eft lui qui va nous conduire dans l'examen rapide que nous allons faire de l'influence des femmes fur les actions & les principes des hommes.

Le defir de plaire a enfanté le luxe , & le luxe produit la corruption des mœurs ; les femmes ont employé les féductions de l'art, les bifareries des modes, pour enflammer & féduire les hommes : ceux-ci , maîtres & diftributeurs des richeffes , occupés de leurs plaifirs , & jaloux de faire des brillantes conquêtes , autant par amour que par orgueil, font forcés de fournir au luxe & aux dépenfes des femmes , elles dictent des loix, il faut exécuter fans délai leurs ordres impérieux, adorer leurs caprices & fatisfaire leur infatiable avidité. O homme ! il faut bien qu'on te regarde comme un être bien vil & bien miférable , pour te promettre à ce prix la félicité ; mais ignores-tu que le fentiment de l'amour ne fe vend pas comme un meuble à l'encan ; fi tu achètes le plaifir , va , tu n'es qu'un fybarite ou un fatyre ufé de débauche.

Les defirs d'une jeuneffe fans expérience s'enflamment à la vue de la beauté ; le trait fatal eft parti , le poifon circule dans les veines , le fang eſt dans la fermentation, tous les ſens ſont dans une agitation continuelle ; comment faire pour ſatisfaire cette paſſion terrible, & arrêter les flammes qui ſortent de ce volcan toujours embraſé ? Il faut de l'or, & pour en avoir, on ſe livre au crime ; de-là les concuſſions, les monopoles, les vols, les brigandages, les meurtres : celui-ci ſe nourrit de la ſubſtance du peuple ; celui-là s'empare des revenus publics, & les diſſipe : l'un épuiſe ſon génie fiſcal pour augmenter les impôts, & opprimer le peuple ; l'autre vend la juſtice. Le Négociant ne travaille que pour groſſir ſes tréſors, & devient uſurier ; l'Artiſan donne un prix arbitraire à ſes denrées, & devient un monopoleur : la ſociété n'eſt qu'un amas de brigands & de bandits qui jouiſſent impunément de leurs rapines.

Mais quel ſpectacle affreux ſe préſente à mes yeux ; je ne ſuis pas aſſez fort pour en faire le tableau. Une douleur profonde ôte mon énergie, & je ne puis qu'exprimer foiblement mes penſées. On voit un époux & un père de famille enchaîné comme un eſclave au char d'une femme ſans pudeur, lui immoler ſa liberté, ſon honneur, le patrimoine de ſes enfans ; il livre une épouſe vertueuſe & une famille infortunée à la miſère & au déſeſpoir, pour enrichir ſon idole d'infamie, qui

par ses artifices est parvenue à le subjuguer igno-
minieusement. Ce malheureux captif se réjouit
dans l'esclavage ; il ne sent point le poids de ses fers,
ni les remords de cette conscience qui tourmentent quelquefois les scélérats ; les cris & les gémissemens d'une épouse éplorée, les caresses &
les larmes de ses enfans, les exhortations & les
plaintes de ses amis, l'indignation publique, rien
ne peut attendrir cet homme féroce ; cette ame ca-
davéreuse est plongée dans une ivresse perpétuelle ;
s'il en sort, c'est pour se voir dans toute sa diffor-
mité ; cet aspect le fait frémir d'horreur, les allar-
mes & les tourmens le suivent jusqu'en sa tombe,
& il meurt dans la rage. Voilà cette source im-
pure d'où sortent les malheurs & les crimes qui
affligent l'humanité ; nous n'en sommes pas toujours les témoins, nous les attribuons à des causes
étrangères, un voile mystérieux nous les dérobe :
nous vivons dans un cercle de plaisir & de dissipation ; nous sommes trop frivoles pour nous occuper
d'un objet aussi intéressant : nous n'avons ni la force,
ni le talent de porter la lumière dans ces mystères
d'iniquité ; mais l'œil observateur du Philosophe
remonte à l'origine des choses ; il examine, dis-
cute, & voit le principe de cette corruption qui
infecte tous les âges & tous les états. Si plusieurs
gémissent dans l'infortune, si le poids de l'indigence

& de la détreffe les accable , fi des maladies cruelles les défigurent, s'ils traînent une vie languiffante & pénible , s'ils font les efclaves & les victimes de leurs paffions, s'ils meurent dans l'âge du printemps , s'ils expient leurs attentats fur des échaffauts , c'eft, n'en doutons point , l'ouvrage de la féduction des femmes.

Une belle femme attire les regards des hommes & enflamme leurs defirs : voyez avec quel art elle s'étudie à plaire à tous ; elle fixe celui ci avec complaifance , elle jette des regards tendres à celui-là , elle pouffe des foupirs , le doux fourire eft fur fa bouche , & fon vifage paroît l'image de la candeur : par ce manège féducteur elle irrite les feux de la jeuneffe , & ranime les glaces de la vieilleffe ; le poifon caché fous les fleurs a produit fon effet : on voit les uns & les autres s'empreffer au tour de l'idole pour l'encenfer. Celui ci facrifie fon honneur , celui-là fon patrimoine : le jeune homme étale fa figure , & fes charmes ; le vieillard fon or , & tous , fervilement profternés , attendent avec foumiffion qu'elle leur montre le figne de prédilection. L'homme aime avec tranfport, fon amour le rend fans force , puifqu'il enchaîne fa liberté : la femme habile profite de fa foibleffe pour lui impofer des loix ; elle ne craint point après cela ni fon dégoût, ni fon inconftance, ni fes reproches, ni fes fureurs. L'homme a donc perdu fa dignité ; comment peut il méconnoître fa nobleffe primitive ? a-t-il donc oublié que Dieu l'a créé, & que la nature le deftine pour commander à la femme, & à lui apprendre qu'elle lui doit l'obéiffance, la crainte & le refpect.

Nous nous fommes écartés des loix de la nature; les vices & les paffions détruifent fes douces infpirations : l'amour eft devenu un commerce de trafic, on ne le vend plus qu'au poids de l'or : ce fentiment qu'on a profané, a changé le caractère & les affections primitives de l'homme ; auparavant c'étoit un être bon, bienfaifant & heureux ; une douce aurore embelliffoit fes jours, la nature avoit imprimé fur fon front innocent l'image de la candeur, & de cette aimable fimplicité qui le rendoit fi intéreffant, la naïveté & les graces réunies avec les vertus fociales donnoient un nouveau prix à fes charmes : depuis qu'une femme l'a fubjugué, il eft devenu fombre & étranger à lui-même ; il s'agite au moindre bruit, fes traits altérés annoncent la trifteffe & l'effroi, la trifte jaloufie, les foupçons & les foucis dévorans y ont gravé un caractère de méfiance & de férocité; il oublie fes parens, fes amis ; fans ceffe occupé à parer l'idole, il eft fans entrailles pour les infortunés, il eſt inſenſible aux calamités publiques ; les remords de la conſcience le tourmentent, & ce vautour ſans ceſſe renaiſſant lui ôte l'eſpérance, & la conſolation de pouvoir devenir vertueux. *Amour, tu perdis Troie* ; tes ravages ſont aujourd'hui plus cruels & plus étendus ; tu humilies les hommes en les rendant eſclaves & malheureux par cet abaiſſement honteux ; tu les forces à tromper la deſtination de la nature qui l'avoit créé grand & fort pour exercer la domination & le pouvoir.

Il eſt facile de connoître la ſource de cette étrange dépravation. Les femmes n'aiment point ſincèrement ; leur amour eſt l'ouvrage de la débauche, des ſéductions des ſens, de l'intérêt, de l'orgueil, du caprice ; elles ne ſavent point goûter le plaiſir de l'amour ; ce ſentiment pur ne ſauroit échauffer leurs ames ; elles ſont paſſionnées, mais elles ne ſont jamais tendres & délicates, elles ne connoiſſent point cette eſpérance de la jouiſſance qui, en répandant une douce langueur, prépare les cœurs à ſe livrer aux charmes du plaiſir ; elles ſont inſenſibles à ce préſent précieux de la nature, ſans ceſſe occupées de leurs attraits, ſéducteurs elles comptent avec complaiſance le nombre de leurs adorateurs ; ce triomphe flatte leur amour-propre & leur fierté, parce qu'il déconcerte leurs ſrivales, & qu'elles ſavent que les hommes ont

mis un grand prix à la beauté ; elles cherchent
à irriter les paſſions, & non à toucher les cœurs.
L'indécence de leur parure & de leur maintien,
la légéreté de leurs propos, cette audace à écarter
ce voile de la modeſtie & de la pudeur, mis
par les mains de la nature, cette adreſſe, ou plutôt cette impudence, à faire briller leurs charmes
pour émouvoir & enflammer les ſens, prouvent
que ce ne ſont point les affections pures & ſin-
cères qu'elles deſirent ; elles veulent la ſoumiſſion
& la baſſeſſe des eſclaves pour en faire enſuite
des victimes, ou pour ſatisfaire leurs paſſions, leur
avidité & leur orgueil. L'amour n'échauffa jamais de ſes divines flammes des cœurs épuiſés
de débauches ou prêts à être corrompus. La
femme qui aime ſincèrement, ne cherche point à
étaler dans les cercles & les ſpectacles, ce luxe
ſcandaleux, ni à paroître avec cette coquetterie
qui annonce un penchant ſecret au libertinage ;
c'eſt un ſpectacle bien odieux de voir les femmes
écraſées ſous le poids de la richeſſe & des mé-
taux les plus précieux venir inſolemment montrer
le fruit de leur débauche & de leur ſéduction,
annoncer qu'elles ſe préſentent pour corrompre
de nouveaux cœurs, & demander un nouveau ſa-
laire pour prix de leur infamie. L'homme vertueux, l'habitant de la campagne gémiſſent dans

l'indigence , ils fupportent la fatigue du jour pour procurer à leur famille une foible nourriture ; & une femme fans mérite & fans pudeur , a l'art de forcer l'homme à lui prodiguer des richeffes qui foulageroient mille malheureux. Le nombre de pauvres augmente à proportion du luxe des femmes ; en exigeant que leurs amans ou leurs maris contentent leur vanité , elles leur ôtent le pouvoir & le plaifir d'exercer la bienfaifance. Les femmes pourroient fur cet objet opérer une heureufe révolution , en invitant les hommes à donner aux infortunés les richeffes qu'elles leur arrachent pour fournir à leurs dépenfes faftueufes , elles auroient pour récompenfe les bénédictions des pauvres , le refpect & l'eftime de leurs adorateurs : mais on ne doit point efpérer de voir ce prodige ; ce n'eft point à des cœurs corrompus ou à des ames frivoles à exercer l'héroïfme de la grandeur & de la bienfaifance.

Que le tableau que préfente la fociété des femmes de Paris eft effrayant ! l'homme de bien ne peut le confidérer qu'avec horreur. Sans parler ici de cette proftitution publique qui outrage également la nature & les loix , & qui jouit du pouvoir facrilège d'infulter à la décence & à la fainteté des mœurs , on voit cette femme fans ceffe occupée à féduire , trahir ouvertement la

foi

foi conjugale ; elle devient le scandale public ;
elle brave audacieusement l'opinion, & va se consoler dans les bras de ses infâmes séducteurs, de
l'opprobre que lui imprime son crime d'adultère.
Celle-ci, sous le voile de la décence & de la
modestie, entretient des intrigues frivoles, & a
l'art de cacher dans l'ombre du mystère la perver-
sité de ses mœurs & de sa conduite : il y en a sans
doute quelques-unes qui, séparées de cette masse
de corruption, honorent leurs maris par leur fidélité ; mais cette vertu qui est le fruit du tem-
pérament & le produit de l'organisation, ou que
la perte des charmes, & le retour de l'âge, rendent forcée, fait le tourment & le supplice de leur
époux : elles font payer bien cher cette fidélité
dont elles préconisent avec tant d'emphase l'excellence & la sublimité.

Cette femme ne cesse de troubler le bonheur
de son époux par son esprit de contradiction, par
la bisarerie de son caractère & par ses inquiétudes
mortelles : tout lui fait ombrage ; la jalousie la
dévore, l'envie la déchire, une sombre mélancolie règne dans la maison, la gaieté & les ris
en font exclus, tout respire la tristesse & l'en-
nui. Celle-ci dissipe le patrimoine de son mari,
& dévore la substance de ses enfans par un luxe
scandaleux, par un jeu & des dépenses fastueuses ;

E

celle-là néglige l'éducation de fa famille , pour s'attacher à des pratiques extérieures de dévotion ; l'une afflige fon mari par la groffiereté de fes maximes ; l'autre , plus coupable , établit dans fa propre maifon un tribunal de littérature ; les Savans & les Philofophes y font appellés , on y parle de bienfaifance & d'humanité dans le même inftant qu'on y révèle les anecdotes fcandaleufes de la cité , & qu'on y déchire impitoyablement l'homme fincère & vrai qui attaque leurs vices & leurs ridicules , au lieu de diffiper les illufions de cette femme en la ramenant à la pratique de fes devoirs ; on flatte fon orgueil & fon amour-propre. Ces hypocrites encenfent l'idole qu'ils méprifent & dédaignent en fecret.

La nature a établi pour les deux fexes des préceptes & des règles de conduite ; leurs devoirs refpectifs font écrits dans ce code immortel ; c'eft fur cette bafe que doit repofer la félicité publique. La femme a été créée pour veiller à l'éducation de fa famille , & pour obferver que la fageffe , l'ordre & l'économie règnent dans fa maifon. Ce n'eft point dans les livres des Philofophes , ni dans leur fociété qu'elle apprendra fes obligations. Si elle confacre fon temps à cultiver les fciences & les arts , elle intervertit l'ordre naturel des chofes , & trahit les devoirs qui lui font prefcrits ;

fes ouvrages n'ont aucun fujet moral. Tout Ecrivain doit éclairer, inſtruire, perſuader, convaincre ; voilà la tâche glorieuſe qui lui eſt impoſée :
or, pour remplir tous ces objets, il faut la profondeur du raiſonnement, la beauté du ſtyle, la
majeſté de l'éloquence, l'énergie de l'imagination, la force du génie. La nature n'a point
voulu donner aux femmes ces talens ſublimes ;
aucun ſiècle n'a enfanté ce miracle, & il ne faut
point attendre qu'elle montre à la terre un pa-
reil prodige. Les femmes ne produiront jamais
que des écrits jolis & légers, qui amuſeront la
curioſité des uns, l'oiſiveté des autres & la frivolité de tous ; quelques vers agréables & faciles,
un roman où l'amour ſera peint avec graces,
quelques lettres familières où l'on parlera le langage du ſentiment & de la douceur, voilà les
ouvrages que l'eſprit des femmes peut créer, ſem-
blable à des fleurs qui attirent les regards par la
vivacité de leurs couleurs, mais qui ſe fanent &
ſe déſſèchent bientôt, parce qu'elles ne ſont
pas échauffées par les rayons du ſoleil. Lorſqu'il
paroît un Traité de Moral, de Philoſophie, d'E-
ducation, de Commerce, de Finance, de Légiſ-
lation ſous le nom d'une femme, l'ouvrage eſt
mauvais, ou il a été dicté par un Sçavant ; cet
hommage flatteur a été offert comme un tribut

d'amour, ou de reconnoiſſance. Il eſt un point
où les femmes ne peuvent atteindre ; il n'appartient qu'au génie créateur d'éclairer les ſiècles &
les nations. La tendre fauvette, en fredonnant
quelques chanſons, voltige parmi les arbriſſeaux,
parcourt les bocages fleuris, & va ſe repoſer ſur
la fougère ou ſur l'ormeau : l'aigle prend un vol
plus rapide, il plane au haut des cieux, & parcourt toutes les régions. Si les femmes uſurpent le
droit d'entrer dans le temple littéraire & d'y bri-
guer des places honorables, tout eſt perdu. Le
mauvais goût qui s'introduit par les déclamations
de nos Rhéteurs, & par l'inſtitution des lycées,
fera des progrés immenſes, un ſiècle d'ignorance
& de barbarie ſuccédera à un ſiècle de lumière
& d'urbanité. Les femmes après avoir corrompu
les hommes, ſeroient-elles donc deſtinées à forcer
les arts & les ſciences à fuir notre patrie pour éclairer des nations ſauvages ! On voit avec douleur
qu'elles renouvellent aujourd'hui le jargon des
anciennes précieuſes, & que les Jodelets & les
Maſcarilles s'empreſſent d'applaudir à leurs ridicules, pour obtenir des louanges & arracher des
penſions. Cette conduite ſemble annoncer que
cette terrible révolution n'eſt pas éloignée.

Mais l'être le plus odieux & le plus mépriſable
eſt cette femme qui, fière de ſa naiſſance & de

ſes richeſſes, croit pouvoir impoſer des loix à ſon époux, le traiter en eſclave, & veut prendre les rênes de l'adminiſtration domeſtique. La femme doit non-ſeulement à ſon mari la fidélité, mais encore le reſpect & la ſoumiſſion ; en trahiſſant le premier de ces devoirs, elle eſt coupable d'un grand crime ; mais cette infamie ne rejaillit point ſur ſon mari, parce que ſon honneur ne dépend ni des mœurs, ni de la conduite de ſa femme ; en violant le ſecond, elle s'avilit elle-même & flétrit ſon époux, en imprimant ſur lui un caractère ineffaçable de honte & de ridicule. L'homme honore la femme ; le droit de commander lui a été confié, s'il cède ce privilège glorieux qui lui a été tranſmis par la nature, il oublie ſa dignité, c'eſt un eſclave qu'il faut mépriſer, ou un inſenſé qu'il faut plaindre.

Le Créateur a donné à l'homme l'empire de l'univers ; un decret auguſte & ſolemnel l'a déclaré Roi & Pontife, en lui communiquant le génie, la force, le courage & l'induſtrie. Les hommes réunis en ſociété, ont très-bien fait de confier à un ſeul la puiſſance légiſlative pour la conſervation de la propriété commune : mais cette même ſociété n'a pu tranſmettre ce pouvoir à une femme. Les traités, les conquêtes, les ſiècles ne ſauroient conſacrer cette uſurpation odieuſe, il n'appartient qu'à des efclaves à fouffrir une pareille domination. Toute révolution qui tend à arracher à cette femme le fceptre, eft jufte, légitime, néceffaire ; elle n'eft point faite pour s'affeoir fur un Thrône, ni pour dicter des loix, l'homme feul peut exercer les droits de la fouveraineté. La Loi Salique doit nous être une Loi facrée & précieufe, puifqu'elle eft conforme à l'ordre établi par Dieu même.

Je fais qu'il exifte dans la Capitale, & parmi la Nobleffe, des femmes refpectables par la pureté de leurs mœurs ; elles vont dans les prifons confoler les captifs, verfent des pleurs dans le fein de l'indigence, foulagent les infortunés, honorent leurs maris par leur fageffe, font leur bonheur par la douceur de leur caractère ; veillent à l'éducation de leurs enfans, leur infpirent l'amour de la vertu par leurs principes & leurs exemples. Femmes refpectables ! recevez ici l'hommage pur & fincère d'un ami de la vérité qui gémit fur les maux qui affligent la fociété, & qui brûle du defir de voir l'empire de la vertu s'étendre, & les actes de bienfaifance fe multiplier : mais hélas ! qu'importe que dans un coin d'un terrein immenfe brillent quelques fleurs parmi une quantité innombrable de plantes vénimeufes ? la contagion n'en eft pas moins générale.

Madame de Warens avoit des ſyſtêmes & des
principes différens de ceux de nos femmes de
Paris ; elle aimoit ſincèrement, puiſqu'elle vouloit
rendre ſes amans heureux : ſon amour étoit le prix
de ſa tendreſſe & l'hommage pur de ſon cœur :
elle ne traînoit point après elle un luxe ſcandaleux,
puiſqu'elle conſacroit ſes biens & ſes travaux à
ſoulager les infortunés. La nature lui avoit donné
les qualités de l'eſprit, mais elle ne cherchoit point
les éloges & les applaudiſſemens : elle aimoit les
Sciences & les Lettres ; mais elle connoiſſoit trop
l'importance de ſes devoirs & le prix du tems,
pour le ſacrifier à établir dans ſa maiſon un ſénat
littéraire, & à recevoir l'encens de l'adulation :
elle répandoit la joie & l'agrément dans ſes en-
tretiens familiers, mais décens, où le cœur ſe
livre aux charmes de l'amitié & aux douceurs de
la confiance : elle ne parloit jamais que le langage
de la raiſon & de la vérité qu'elle ſavoit embellir
des graces de la beauté & de l'eſprit. L'aménité
de ſon caractère la rendoit chère & précieuſe ; on
ne l'approchoit qu'avec reſpect, on l'admiroit
même parmi les égaremens & les illuſions de ſes
ſens, parce qu'elle ſavoit conſerver la nobleſſe de
ſon ame & la bonté de ſon cœur. Femmes de
Paris, voilà le modèle que vous devez imiter.
Dans des tems plus heureux & plus rigides, je

ne vous aurois pas tenu ce langage ; mais dans ce
fiècle que vous avez corrompu par votre luxe &
votre libertinage, dans ces jours où la proſti-
tution publique eſt tolérée, je vous dis, dans la
fincérité de mon cœur, imitez Madame de Warens, adoptez fa doctrine, fes mœurs & fes
principes, il fe fera alors une heureuſe révolution ; vous ne proſtituerez plus le fentiment de
l'amour, vous n'en ferez plus un objet de calcul
& de débauche, vous inviterez les hommes, &
vous les forcerez par votre douceur & votre fenfibilité, à pratiquer les vertus fociales ; la paix
viendra habiter fur la terre, la bienfaiſance &
l'humanité produiront la juſtice & la concorde,
& de la réunion de toutes ces vertus naîtra la
félicité publique.

Un Philofophe, ami de Rouffeau, qui eſt devenu fon détracteur après fa mort, a publié que
les éloges que Rouffeau a prodigués à Madame de
Warens, ne fervent qu'à la diffamer. Mais j'ofe
lui demander : eſt-ce une diffamation de la re-
préfenter fans ceffe à foulager les infortunés ? eſt-
ce une diffamation de tranfmettre à la poſtérité
les grandes vertus de cette femme foible, mais
digne de refpect ? Ne falloit-il pas, en rappellant
fes égaremens, peindre l'excellence de fon caractère, & entrer dans le détail de ces qualités

rares & précieuſes qui embellirent ſon ame ;
Rouſſeau auroit été injuſte & méchant, s'il avoit
gardé le ſilence ſur tous ces objets intéreſſans ;
c'eſt alors que ſes détracteurs auroient empoiſonné
leurs traits, pour le dévouer à l'indignation publique. Quel triomphe pour eux, s'ils avoient
pu le convaincre de menſonge & d'ingratitude !

Un amant embellit l'objet que ſon cœur adore ;
l'amour lui prête un pinceau tendre & flatteur ;
dans ſon enthouſiaſme il ne voit que les vertus
ornées des graces de la nature ; il contemple ſon
ouvrage avec complaiſance & avec attendriſſement : Rouſſeau, plus ſincère, mais moins pré-
venu, a publié les défauts & les foibleſſes de ſon
amante ; il devoit, par le même principe de juſtice publier ſes grandes qualités. Il ne s'agit point
ici de conſidérer l'Ecrivain : que ce ſoit un homme
de génie, ou un Auteur médiocre, peu importe ;
la vérité, voilà ce qu'il faut annoncer : il n'eſt
pas queſtion de perſuader des paradoxes, d'é-
tablir des ſyſtêmes, de créer des nouveaux principes ; ne ſongeons ni *à ſon éloquence, ni aux charmes impérieux de ſes diſcours* ; Rouſſeau eſt un
ſimple Hiſtorien, il raconte des faits, il faut donc
qu'ils ſoient vrais. Dans un Traité de Morale on
demande la pureté des principes ; dans l'Hiſtoire
on exige la vérité des faits : Rouſſeau a mis dans

la même balance les défauts & les qualités de sa
bienfaitrice, il falloit donc développer les causes
de ses foiblesses, ainsi que les effets de ses vertus.
L'Auteur d'Emile ne pouvoit point prévoir que
ses ennemis l'accuseroient un jour d'avoir voulu
diffamer Madame de Warens ; son amour & ses
bienfaits étoient encore présens à sa mémoire, il
se rappelloit avec attendrissement ce tems fortuné
de sa jeunesse. Périsse le malheureux qui ose outrager sa maîtresse ! Il est permis de mépriser cette
femme prostituée qui vous a vendu ses faveurs,
ou qui a cherché dans vos bras à calmer un feu
dévorant qui la consumoit ; mais respectez cette
jeune & tendre beauté qui, dans les transports
du plaisir, n'a consulté que la voix de son cœur
& le sentiment de la nature. Madame de Warens
a chéri sincèrement Rousseau : elle le consola dans
ses disgraces, & le soulagea dans sa misère. Cette
femme généreuse & respectable auroit-elle reçu
dans son sein un serpent pour le déchirer ? Hommes honnêtes & vrais, dites-nous si l'Auteur d'E-
mile s'est rendu coupable de ce crime d'ingratitude.

Comment après cela un détracteur injuste a-t-il
voulu nous représenter Madame de Warens *comme
une femme sans amour, & même sans plaisir, se pros-
tituant froidement, & par pure dépravation des prin-*

cipes, *s'expofant à tous les périls de la débauche, à la honte du dégoût, à l'infamie d'une groffeffe ? l'Héroïfme de fa bienfaifance, ajoute-t-il ne femble qu'hypocrifie ou foibleffe, & par une jufte méprife, on prend alors en elle l'ardeur d'obliger pour la facilité de tout accorder ou l'impuiffance de rien refufer.* La haine eft injufte, & la paffion ne raifonne point, a dit Rouffeau ; ce détracteur a voulu flétrir lui-même la mémoire de Madame de Warens ; il a ouvert fon tombeau pour infulter à fes manes. On doit laiffer ces affreufes peintures à un Grécourt, ou à un Piron ; elles font indignes d'un ancien Magiftrat Philofophe qui, pendant qu'il exerçoit les fonctions auguftes du Miniftère public, a toujours parlé, dans le fanctuaire de la juftice, le langage de la décence & des mœurs. Un Auteur, juftement célèbre, malgré la perfécution de la fecte philofophique, écrivoit à une femme refpectable : » Le bon Jean-Jacques dans fes Mé-
» moires divers fait d'une femme qu'il a adorée,
» un portrait fi enchanteur, fi aimable, d'un co-
» loris fi frais & fi tendre, que j'ai cru vous y
» reconnoître ; je jouiffois de cette douce reffem-
» blance, & ce plaifir étoit pour moi feul. Quand
» on aime, on a mille jouiffances que les indif-
» férens ne foupçonnent même pas, & pour lef-
» quels les témoins difparoiffent.

La proftitution eft ce commerce public de libertinage & de diffolution qui outrage la nature,
afflige l'humanité, porte le fcandale & le defordre
dans la fociété, & prépare la chûte des Empires.
L'ame familiarifée avec le vice, ne connoît ni les
plaifirs de l'amour, ni les fentimens de la tendreffe, ni les confolations de l'amitié ; elle dort
fans ceffe dans le crime. Peut-on fur ce modèle
exécrable examiner & juger Madame de Warens,
une femme fenfible qui, dans les bras de l'amour,
a reconnu les féductions de fes fens, qui a prati-
qué avec conftance & avec fidélité, les devoirs
de la charité & de la bienfaifance, qui, par un
charme inconnu a poffédé le talent rare & précieux d'engager fes amans à s'aimer & à s'eftimer
entr'eux, qui a fçu leur infpirer l'amour des vertus
fociales par fes préceptes & fon exemple, mérite-
t-elle d'être ainfi dégradée ? Les ames honnêtes &
fenfibles ne cefferont de s'élever contre l'injuftice
de cette accufation, & de plaindre l'Auteur de
cette infâme calomnie.

La bienfaifance de Madame de Warens n'étoit
ni hypocrifie, ni foibleffe ; fon ame fenfible &
douce éprouvoit une émotion profonde à la vue
des mifères publiques. On exerce quelquefois cette
vertu pour calmer une imagination troublée, ou
pour appaifer les alarmes d'un efprit agité, lorf-

qu'il eſt témoin des pleurs & des gémiſſemens des
malheureux. La vue de l'humanité ſouffrante attendrit les ames les plus foibles ; mais ôtez ce
tableau viſible de l'indigence , le calme ſuccède
bientôt , & on ne cherche plus à s'affliger. La
bienfaiſance qui n'a pas ſa ſource dans le cœur, eſt
une vertu de parade qui annonce quelquefois la
foibleſſe de l'ame. L'homme foible deviendra le
le jouet ou la victime de l'intrigant & de l'hypocrite ; il ſera bon ou méchant , ſelon les circonſtances ou le haſard ; il marchera d'un pas incertain dans le chemin de la vertu , & il s'égarera,
parce qu'il n'aura pas la force d'arriver au terme
qui devoit couronner ſes travaux. L'homme incertain fait le bien par caprice, ſans caractère &
ſans énergie ; il ſera froid & indifférent , & finira
par fermer ſon cœur au ſentiment de la pitié &
de la commiſération. La bienfaiſance de Madame
de Warens n'étoit pas une hypocriſie ; l'hypocrite
ne pratique pas long-tems une vertu qui gêne ſes
inclinations , & fait violence à ſon cœur. Madame
de Warens a exercé juſqu'à ſa mort la bienfaiſance , dans ſa pauvreté même ; elle deſiroit de
faire des heureux ; c'étoit un beſoin de ſon cœur.
Faire le bien par goût & par principe, voilà l'hé-
roïſme de la vertu.

Rouſſeau , en faiſant le récit des vertus & des

foibleffes de Madame de Warens , & peut-être voulu inftruire & corriger fes contemporains. Dans un fiècle d'innocence & de mœurs il faudroit fans doute préfenter fans ceffe le tableau de la vertu pour inviter les hommes à vivre toujours fous fon empire ; mais dans ce tems de calamité ou le libertinage , les vices, la féduction immolent tant de victimes , dans ces jours de luxe d'égoïfme , de calcul , de caprice , où l'efprit d'intrigue & d'agiotage agite , bouleverfe la fociété, où l'or difpofe des honneurs & des réputations , on eft forcé de propofer pour modèle une femme fenfible, qui a expié fes erreurs par des grandes actions , & dont il faut oublier les foibleffes, pour ne s'occuper que de ces vertus fublimes que l'homme de bien ne ceffera jamais de recommander au refpect & à l'imitation.

F I N.